監修者――加藤友康／五味文彦／鈴木淳／高埜利彦

［カバー表写真］
「洞窟の頼朝」
（前田青邨画）

［カバー裏写真］
源頼朝袖判下文
（「島津家文書」）

［扉写真］
東大寺大仏殿落慶供養に臨む頼朝と御家人たち
（『東大寺大仏縁起』）

日本史リブレット人 026

源頼朝

東国を選んだ武家の貴公子

Takahashi Noriyuki
高橋典幸

目次

二つの頼朝像

常に主将の態度を持して毫《ごう》も怯懦《きょうだ》の振舞《ふるまい》を為すことなく、正面して勁敵《けいてき》に向ひ、如何《いか》なる事変に逢ふも毅然《きぜん》として声色《せいしょく》を動かさゞるに至つては彼はたしかに武士道《ぶしどう》の権化《ごんげ》にして東国《とうごく》武士の理想を具体的ならしめたるものなりき。（山路愛山《やまじあいざん》▲『源頼朝』）

これは明治期の歴史家が源頼朝を評した一文である。この評言はそのまま現在にも通用しよう。現在ばかりではない。頼朝本人に面会した当時の人も、その印象を「威勢厳粛、其性強烈、成敗分明、理非断決」（『玉葉《ぎょくよう》』▲）と述べていた。時代を通じて、頼朝は冷徹かつ果断な人として語られてきたのである。

こうした頼朝のイメージをみごとに表現しているのが、京都神護寺《じんごじ》所蔵の肖

▼**山路愛山**　一八六四〜一九一七年。明治・大正期に活躍したジャーナリスト・歴史家。在野の歴史家として優れた史論を展開。

▼**『玉葉』**　九条兼実《くじょうかねざね》（一一四九〜一二〇七年）の日記。後白河院《ごしらかわいん》政《せい》や平氏《へいし》の台頭、鎌倉幕府の成立など、当時の政治動向に詳しい。

像画（次ページ上写真参照）である。長らく頼朝像と言い伝えられてきたこの著名な肖像画は、むしろ私たちの頼朝イメージを縛り続けてきたのかもしれない。

ところが、近年、この神護寺像の像主がみなおされるようになってきている。それにともなうかのように、神仏を畏怖したり、情誼に篤かったりする頼朝の人間的な側面にも光があてられるようになってきた。私たちの頼朝イメージも、神護寺像の束縛から解き放たれつつあるようである。

神護寺像にかわって、頼朝の風貌を伝えるものとして最近注目されているのが、山梨県甲府《こうふ》市の甲斐善光寺《かいぜんこうじ》の坐像である（次ページ下写真参照）。胎内《たいない》に書かれた銘文《めいぶん》から、鎌倉《かまくら》時代に頼朝像として作製されたことが明らかなこの像からは、今後さまざまなことが明らかにされてくるだろう。

ここで注目したいのは、この像が本来は長野の善光寺に伝来してきたことである。この像は広い意味での東国社会のなかで伝えられてきたのであり、当時の東国の人びとが頼朝に対していだいていたイメージが刻み込まれているかもしれないのである。この像に注目することによって、あらためて「東国と頼朝」というテーマが浮かび上がってくる。

伝源頼朝像（神護寺蔵）

源頼朝坐像（甲斐善光寺蔵）

本書では、この「東国と頼朝」という観点から、源頼朝の生涯をたどっていきたい。頼朝が鎌倉幕府の創始者であることはまちがいなく、彼の生涯を語ることはそのまま当時の政治情勢を語りなおすことでもあるが、それは東国にとってどのような意味をもったのか、さらに東国になにをもたらしたのかということを考えてみたい。

①—源氏の貴公子、東国へ

頼朝誕生の周辺

源頼朝は、一一四七(久安《きゅうあん》三)年、源義朝《よしとも》▲を父に、熱田大宮司《あつただいぐうじ》藤原季範《ふじわらのすえのり》の娘を母として誕生した。すでに二人の異母兄(義平《よしひら》・朝長《ともなが》)がいたが、母が正妻であったため、頼朝が嫡子に立てられたとされている。しかし、父義朝の生涯をたどりなおしてみると、義朝にとってまた違った意味で、頼朝の誕生が画期的な出来事であったことが浮かび上がってくる。

義朝は源為義《ためよし》の長子であり、保元《ほうげん》の乱《らん》・平治《へいじ》の乱▲に活躍することから、清和《せいわ》源氏《げんじ》▲の棟梁と理解されることが多いが、当時の実態は少しこれとは異なるようである。すなわち、為義は義賢《よしかた》、その次は頼賢《よりかた》と、義朝の弟たちを嫡子とみなしており、彼らは帯刀先生《たてわきせんじょう》や左兵衛尉《さひょうえのじょう》、左衛門尉《さえもんのじょう》といった官職につき、都《みやこ》で活躍している。それに対して、義朝は無位無官の「上総曹司《かずさのそうし》」(「上総のお坊ちゃん」の意)と呼ばれるにすぎず、都から遠く離れた東国《とうごく》で成長したらしい。義朝が東国に送られたことについては、清和源氏の勢力を東国で挽回しようとする

▼源義朝　一一二三～六〇年。清和源氏の武士。保元の乱に勝利し、清和源氏第一人者の地位を手にいれたが、平治の乱に敗れ、敗走中に殺害された。

▼保元の乱・平治の乱　保元の乱は一一五六(保元元)年に勃発した、後白河天皇と崇徳上皇《すとくじょうこう》の争い。摂関家内の対立も絡み、双方ともに武士を起用した結果、武力衝突に発展。勝利した後白河政権下で一一五九(平治元)年に発生した権力闘争が平治の乱。これらの過程で源氏は没落し、平清盛率いる平氏が台頭した。

▼清和源氏　清和天皇の孫経基《つねもと》を祖とする源氏一族。経基は陽成《ようぜい》天皇の孫とする説もある(七ページ源氏略系図①参照)。武門《ぶもん》として多数の武士を輩出。

為義の戦略とする説と、為義に廃嫡された結果とする説があるが、いずれにしろ義朝が源氏の棟梁とみなされてはいなかったことは明らかである。

　しかし、父の思惑がどうであれ、成長するにつれ、義朝は鎌倉《かまくら》を拠点に南関東に勢力基盤を築きあげていった。それはこの地域の武士団との主従関係という形に結実する。一一四〇年代半ば、義朝は下総国相馬御厨《しもうさのくにそうまのみくりや》▲（現、茨城県取手《とりで》市・千葉県我孫子《あびこ》市など）や相模《さがみ》国大庭《おおば》御厨（現、神奈川県藤沢《ふじさわ》市）をめぐる紛争に介入したことが知られているが、それは上総氏や三浦《みうら》氏・中村《なかむら》氏といった周辺の武士団と結託した行動であり、千葉《ちば》氏や大庭氏を服属させる結果をもたらしている。当時の東国では武士たちを中心にさまざまな紛争が頻発していたと推測されるが、義朝はそれらに積極的にかかわっていくことによって、彼ら東国武士たちとのあいだに主従関係を築きあげていったのである。

　そうしたなかで生まれたのが頼朝の異母兄たち、義平と朝長であった。義平は一一四一（永治《えいじ》元）年ごろの生まれで、母は義朝に従って大庭御厨に乱入した三浦義明《よしあき》▲の娘であった。朝長は一一四四（天養《てんよう》元）年ごろの生まれで、相模の武士波多野義通《はたのよしみち》の妹を母とする。波多野氏もこの時期に義朝と主従関係を結んで

三浦義明坐像

▼**御厨**　天皇や神社にたてまつる御饌《みけ》を貢納する所領。荘園《しょうえん》制の確立とともに荘園と同質化した。伊勢神宮の御厨は伊勢を中心に全国にわたり、東国にも数多く存在した。

▼**三浦義明**　一〇九二〜一一八〇年。相模の有力武士。「三浦大《おお》介《すけ》」を称した。かつて源義朝に仕え、頼朝の挙兵にも当初から呼応したが、畠山重忠《しげただ》ら秩父党の武士に攻められて、自害した。

源氏略系図①

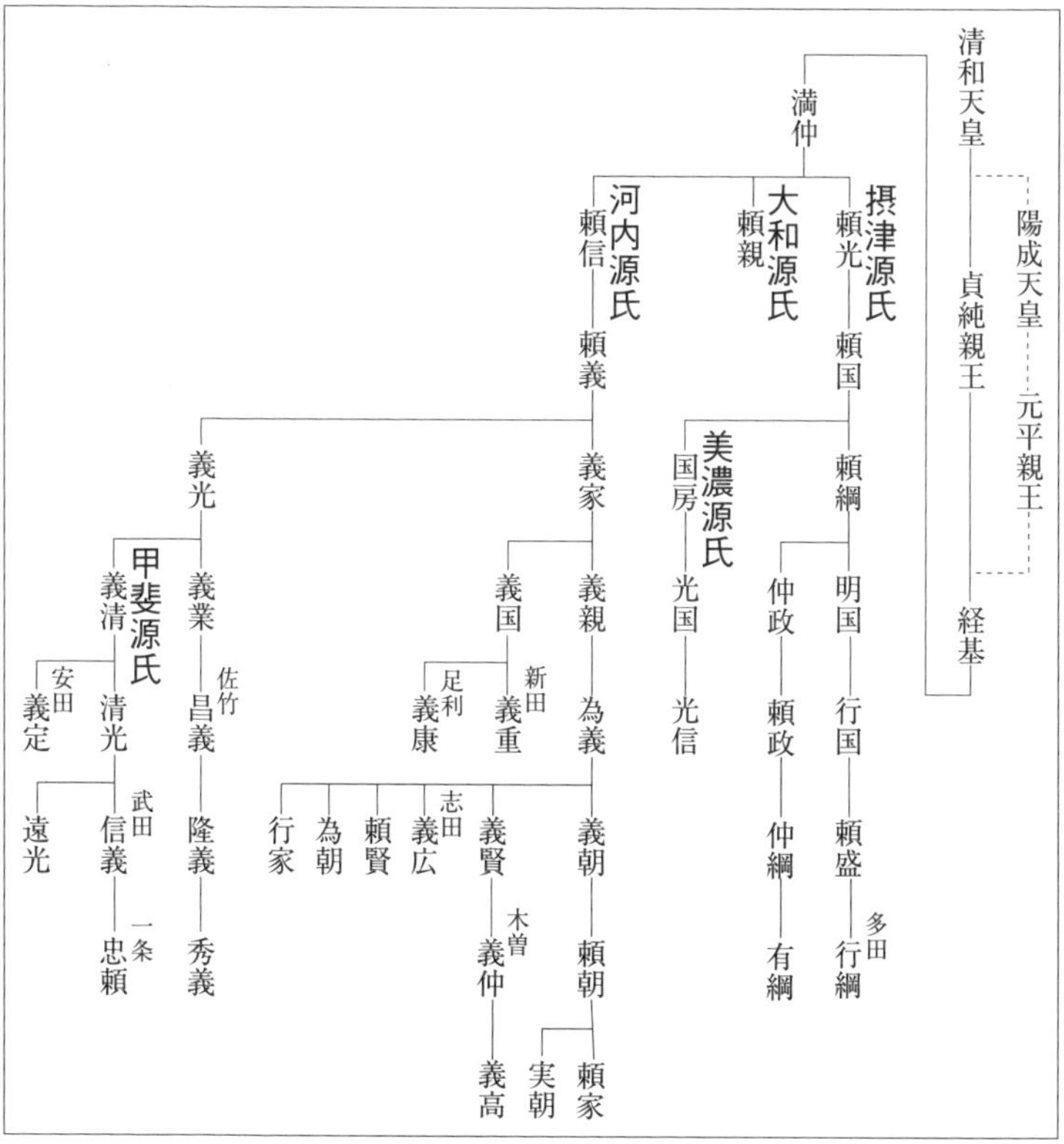
清和天皇
陽成天皇
元平親王
貞純親王
経基
満仲
摂津源氏
頼光
頼国
頼綱
明国
行国
頼盛
多田
行綱
仲政
頼政
仲綱
有綱
美濃源氏
国房
光国
光信
大和源氏
頼親
河内源氏
頼信
頼義
義家
義親
為義
義朝
頼朝
頼家
実朝
義賢
木曽
義仲
義高
志田
義広
頼賢
為朝
行家
義国
新田
義重
足利
義康
義光
義業
佐竹
昌義
隆義
秀義
甲斐源氏
義清
清光
武田
信義
一条
忠頼
遠光
安田
義定

源氏略系図②

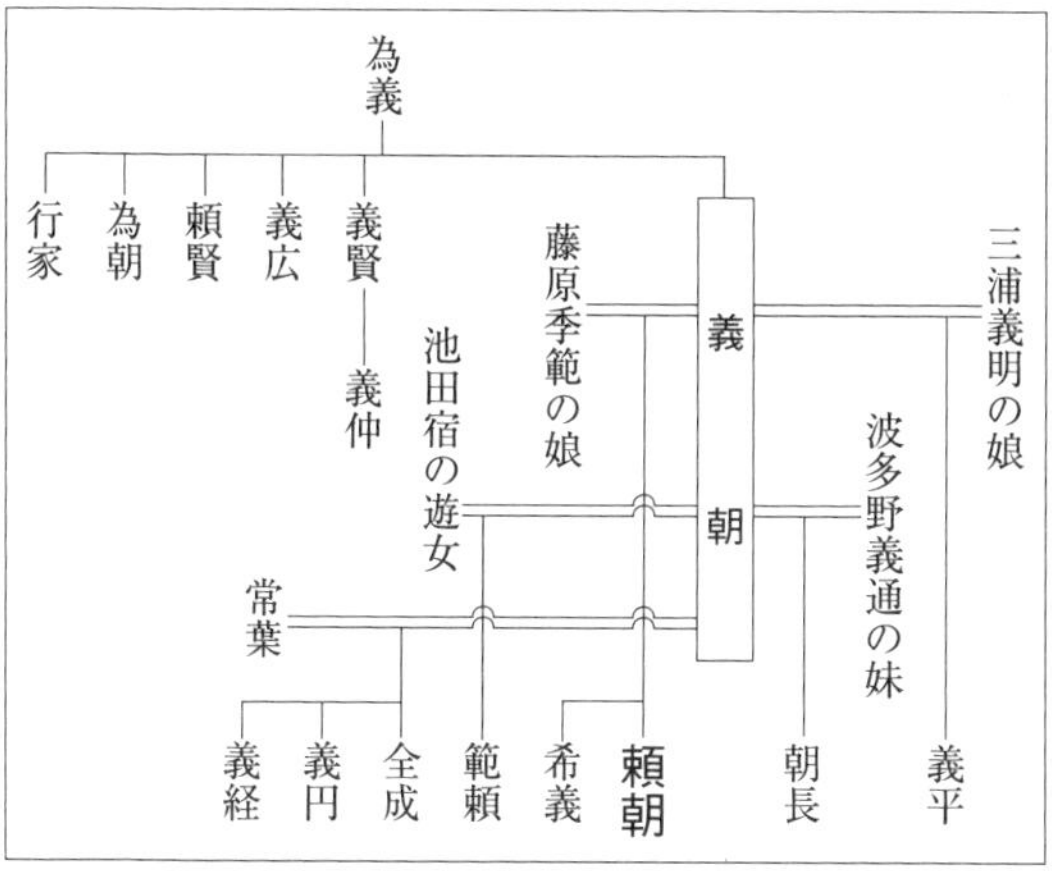
為義
義朝
行家
為朝
頼賢
義広
義賢
義仲
三浦義明の娘
義平
藤原季範の娘
頼朝
希義
波多野義通の妹
朝長
池田宿の遊女
範頼
常葉
全成
義円
義経

待賢門院像

おり、義通は保元の乱に義朝方として従軍している。東国武士出身の女性を母とする義平・朝長の誕生は、東国を舞台とするこの時期の義朝の活動を反映しているといえよう。

それに対して、頼朝の母は尾張《おわり》の熱田大宮司家▲の出身であり、頼朝の誕生は義平・朝長の場合とは明らかに事情が異なる。さらに重要なことは、熱田大宮司家は下級ながらも都の貴族《きぞく》社会の一員であり、季範とその一家は待賢門院《たいけんもんいん》▲に仕えるなど、天皇家とも近い位置にいたことである。熱田大宮司家とどのような理由で姻戚関係を結ぶことができたかは不明であるが、この関係が一つの機縁となって義朝は都の貴族社会にも進出していくことになる。頼朝誕生後の一一五三(仁平《にんぴょう》三)年三月、義朝は叙爵《じょしゃく》▲のうえ下野守《しもつけのかみ》に任じられて、一気に貴族社会への仲間入りを果たしたのである。これは義朝にとっての一大転機であったばかりでなく、十二世紀初め以来不振に陥っていた河内《かわち》源氏▲にとっても大躍進であった。

義朝の躍進は、東国でつちかわれた彼の武力に注目した鳥羽院《とばいん》▲の抜擢によるものと考えられる。以後、義朝は鳥羽院の近臣《きんしん》としての道をあゆむことになる

▼**熱田大宮司家**　尾張熱田神宮の大宮司職は、尾張国造《くにのみやつこ》の末裔尾張氏が世襲したが、十二世紀初めに尾張氏の外孫藤原季範が大宮司職を継承して以後は、その子孫に伝えられた。

▼**待賢門院**　一一〇一〜四五年。藤原璋子《しょうし》。白河院の養女として入内《じゅだい》、鳥羽天皇の皇后となり、崇徳・後白河などを生む。一一二四(天治《てんじ》元)年女院号宣下を受けた。

のであるが、そもそも義朝を鳥羽院に結びつける端緒は熱田大宮司家にあったようである。すなわち、季範が仕えた待賢門院は鳥羽在位時の皇后であったし、季範の弟季綱《すえつな》の娘（姪とも）は鳥羽の乳母《めのと》をつとめていた。

以上のように義朝の生涯をたどっていくと、東国の武士社会での紛争に明け暮れた前半生から、都の貴族社会で鳥羽院の近臣として活躍した後半生へと、大きく旋回していることがわかる。ちょうどその転換点の役割を果たしたのが熱田大宮司との関係だったのである。そうした意味で、頼朝の誕生は、院の近臣としての義朝の後半生のスタートを象徴する出来事であった。

貴公子頼朝

頼朝が生まれ育ったのは京都であった。頼朝は成人後も、日ごろ二寸（約六センチ）の銀製の正観音《しょうかんのん》像を信仰していたが、これは彼が三歳のとき、その将来を祈願して清水寺《きよみずでら》に参籠した乳母が、霊夢のお告げを受けて忽然としてえたものという。頼朝の幼少時を語る数少ないエピソードである。

また安房《あわ》の武士安西景益《あんざいかげます》は、頼朝の幼少時とくに親しく仕えたという。安西

▼叙爵　従五位下《じゅごいのげ》に叙せられること。五位以上は通貴《つうき》と呼ばれ、六位以下とは大きく区別されたので、叙爵は貴族社会の一員と認められることを意味した。

▼河内源氏　清和源氏のうち、源頼信《よりのぶ》に始まる一流。源義朝・頼朝父子も河内源氏に属する（七ページ源氏略系図①参照）。

▼鳥羽院　一一〇三〜五六年。堀河《ほりかわ》天皇皇子。一一〇七（嘉承《かしょう》二）年践祚。一一二三（保安《ほあん》四）年譲位。その後、崇徳・近衛・後白河天皇の三代にわたって院政を行った。

氏は保元の乱にも義朝に従って戦っているから、主人義朝について上洛《じょうらく》した際に頼朝に親しむことがあったのであろう。

頼朝に仕えた乳母も、下野の武士小山政光《おやままさみつ》の妻寒河尼《さむかわのあま》や相模の武士山内俊通《やまのうちとしみち》の妻山内尼《やまのうちのあま》など、東国武士出身の女性が少なくない。清水寺に参籠した乳母も、彼女たちのいずれかであろうか。

こうしてみると、頼朝は京都の地で東国武士ゆかりの人びとに囲まれて育てられたようであるが、その一方で、下級貴族三善康信《やすのぶ》▲の伯母（母の姉）が頼朝の乳母をつとめていたことにも注意しておきたい。

また、頼朝の成長にあたっては、母の実家熱田大宮司家も少なからぬ影響をあたえたであろう。その点で重要なのは、一一五五（久寿《きゅうじゅ》二）年七月に待賢門院の子雅仁《まさひと》親王が、近衛《このえ》天皇急逝のあとを受けて、後白河《ごしらかわ》天皇▲として践祚《せんそ》したことである。さらに後白河の同母姉統子《むねこ》内親王が一一五八（保元三）年二月に准母《じゅんぼ》として皇后に冊立《さくりつ》されると、待賢門院ゆかりの熱田大宮司家の人びとも後白河院の近臣や皇后統子の女房に取り立てられていった。

頼朝もこうした流れに乗って任官を果たすことになる。すなわち、統子の立

▼**三善康信**　一一四〇〜一二二一年。朝廷の下級官人であったが、早くから頼朝と連絡があり、一一八四（元暦《げんりゃく》元）年に招かれて鎌倉に下向。問注所執事《もんちゅうじょしつじ》などをつとめ、草創期の鎌倉幕府を支えた。

▼**後白河天皇**　一一二七〜九二年。鳥羽天皇皇子。母は待賢門院。近衛天皇の早世後、中継ぎの天皇として即位したが、しだいに政治的地位を高め、二条《にじょう》・六条《ろくじょう》・高倉《たかくら》・安徳《あんとく》・後鳥羽《ごとば》天皇の五代にわたって院政を行った。

后と同時に皇后宮権少進《こうごうぐうごんのしょうじょう》に任じられたのである。時に頼朝一三歳の春のことであった。この二年前に勃発した保元の乱の勝利の結果、父義朝は左馬頭《さまのかみ》という要職に任じられ、河内源氏としては初の内昇殿《うちのしょうでん》▲をとげるとともに、父為義や兄弟たちを排して、名実ともに源氏の棟梁の地位を手にしていた。頼朝の任官には、政界での地位を高めた父の威光も反映していたのかもしれない。

一一五九(平治元)年二月、統子に女院《にょいん》号が宣下されて上西門院《じょうさいもんいん》となると、頼朝も皇后宮権少進から上西門院蔵人《くろうど》に転じた。二月十九日に上西門院殿上始《てんじょうはじめ》が行われ、院司《いんじ》に任じられた人びとが集うなかで、頼朝は献盃の役をつとめている。ちなみに、この日ともに献盃役をつとめた藤原信隆《のぶたか》と経房《つねふさ》は、いずれものちに公卿《くぎょう》に昇進している。

この年の三月に母が死去したため、服解《ぶくげ》▲のためいったん職を辞しているが、六月には二条《にじょう》天皇の蔵人に任じられている。六位の蔵人も河内源氏にとっては初の快挙であった。

さらに十二月十四日には、叙爵を果たし、右兵衛権佐《うひょうえごんのすけ》に任じられた。これは義朝が藤原信頼《のぶより》▲と組んで引き起こした平治の乱の最中のことで、いったん政

▼**内昇殿**　天皇の側近として、内裏清涼殿《せいりょうでん》の殿上の間《ま》に出仕を許されること。

▼**服解**　父母の喪《も》に服するに際して、いったん官職を解かれること。

▼**藤原信頼**　一一三三〜五九年。後白河院の近臣。保元の乱後急速に台頭し、平治の乱を引き起こしたが、敗れて処刑された。

権を握った信頼・義朝が敢行した臨時除目《じもく》による昇進ではあった。しかし、父義朝が苦労の末、三一歳でようやく叙爵を果たしたのに比べると、頼朝の急速な昇進ぶりには目を見張るものがある(当時頼朝は一三歳)。また、叙爵とともに右兵衛権佐に任じられたのは、有力な院の近臣の子弟なみの待遇であった。かつて平清盛《たいらのきよもり》▲が一二歳で叙爵した折も、左兵衛佐に任じられている。

以上のように、頼朝は都の貴族社会の一員としての道を順調にあゆみつつあった。おそらくそれは父義朝の方針だったのであろう。彼が東国に築いてきた地盤—東国武士たちとの主従関係—は、頼朝の庶兄義平に委ねられており、義平はさらにそれを北関東にまで拡大する動きを示していた。こうした武力を背景にして京都政界で活躍することが、頼朝には求められていたのである。そうした意味で、頼朝は「東国知らずの源氏の貴公子」として成長していたのである。

▼**平清盛**　一一一八〜八一年。伊勢平氏の武士。保元の乱・平治の乱を勝ちぬき、その後の複雑な政治情勢のなかでも政治的地位を高め、一一六七(仁安《にんあん》二)年太政大臣《だいじょうだいじん》にいたる。翌年出家して摂津《せっつ》国福原《ふくはら》に引退するも、平氏の総帥として政界に隠然たる影響力をもった。

伊豆配流

そうした頼朝の生涯の一大転機となったのが、一一五九(平治元)年十二月に勃発した平治の乱である。父義朝も首謀者の一人となった軍事クーデターであるが、平清盛に惨敗を喫し、義朝主従は東国をめざして敗走する。平治の乱は頼朝にとっては初陣であったが、彼も父や兄たちとともに東国をめざした。しかし、途中で一行とはぐれてしまい、一一六〇(永暦《えいりゃく》元)年二月に近江《おうみ》国で平清盛の弟頼盛《よりもり》の郎等《ろうとう》平宗清《むねきよ》に捕えられてしまう。

処刑されるべき頼朝の助命を清盛に嘆願したのは、清盛の継母池禅尼《いけのぜんに》▲であった。頼朝も池禅尼には深い恩義を感じていたようで、のち鎌倉幕府成立後には禅尼の息子平頼盛一家を庇護し、その恩義にむくいている。『平治物語《へいじものがたり》』▲では頼朝が早世した息子家盛《いえもり》にそっくりだったので、禅尼はその助命を嘆願したと描かれているが、その背景には上西門院周辺の人びと、とくに熱田大宮司家関係者による働きかけがあったようである。禅尼はもともと待賢門院と関係があり、その娘上西門院周辺の人びととも因縁《いんねん》浅からぬものがあったようである。ここでもまた頼朝の生涯に導きの糸をたれたのは、母の実家熱田大宮司家の人びとであった。

頼朝の配流《はいる》先は伊豆《いず》と決定され、三月十一日に下向していった。この日は同時に他の平治の乱関係者の配流処分も行われているが、そのなかには頼朝の同

▼**池禅尼**　生没年不詳。藤原宗子《むねこ》。平忠盛の正室。清盛の継母。忠盛死後も後家《ごけ》として平家家中に重きをなし、平清盛からも一目おかれた。

▼**『平治物語』**　平治の乱に取材した軍記物語。作者不詳。十三世紀前半ごろ成立。

敗走する源義朝一行(『平治物語絵巻』断簡)　中央に描かれているのは若き頼朝か。

母弟希義《まれよし》もおり、土佐《とさ》に配流されている。

すでに父義朝は逃亡先の尾張で謀殺されてこの世にはなく、次兄朝長も逃避行の途中で命を落としていた。長兄義平は義朝一行と別れたあと、清盛暗殺を狙って京都に潜伏していたところをみつけられ、処刑されている。常葉《ときわ》所生の三人の異母弟たちはまだ幼く、処分はまぬがれたが、それぞれ寺に引きとられていった。ここに義朝一家はほぼ壊滅状態となり、孤児同然の頼朝の伊豆行も、母の弟祐範《ゆうはん》が人をつけて見送ってくれたほかは、ごくわずかな人びとが供をしただけの寂しいものであった。

それまでの貴公子頼朝の歩みを考えれば、平治の乱とそれに続く伊豆配流はまさに人生の暗転であった。ただ、これをきっかけに「東国知らずの」頼朝が東国と深い関わりをもつようになったのであり、そうした意味では、人生の一大転機であったともいえよう。もちろん、頼朝がこの経験を真の意味での転機に変えるためには、こののち二〇年もの歳月が必要であった。

▼**蝦夷**　古代律令制《りつりょうせい》下、北海道から東北の住民の総称。律令国家は蝦夷を野蛮な異民族とみなして遠征軍を派遣し、その征服・同《どう》化《か》政策を推し進めた。

▼**防人**　七世紀後半から八世紀にかけて九州北部防衛のために配備された兵士。各地の軍団兵士から選抜されたが、東国の軍団から派遣された者が多かった。

▼**弓射騎兵**　弓矢を主たる戦闘手段とする騎馬兵のこと。のちに武士のことを「弓馬の士」と呼ぶのも、その戦闘形態による。

▼**『古事談』**　十三世紀初めに成立した説話集。源顕兼《あきかね》編。全六巻のうち、第四巻「勇士」は勇猛な兵たちの説話を集めている。

▼**僦馬の党**　九世紀末から十世紀にかけて、東海道の足柄《あしがら》峠や東山道の碓氷《うすい》峠などで年貢や官物などを強奪した集団。騎馬を駆使した機動性が注目されている。

弓射騎兵（『後三年合戦絵詞』）　馬に乗りながら弓を射る。

東国武士と源氏

ここで、頼朝が流された中世の東国とはどのような地域であったのか、簡単にみておくことにしたい。なお、東国といった場合、東海《とうかい》・東山《とうさん》・北陸道《ほくりくどう》諸国（現在の滋賀県以東）をさすこともあるが、以下では主として坂東《ばんどう》諸国（現在の関東地方に相当）とその周辺を念頭にしている。

都の人びとからみると、古代以来、東国は軍事的に頼りになる地域であった。蝦夷《えぞ》▲との戦争の兵站《へいたん》基地とされたのも東国諸国であったし、防人《さきもり》▲に起用されたのも東国の人びとであった。さらに弓射騎兵《きゅうしゃきへい》▲が武力の中心となった平安《へいあん》時代以降になると、牧《まき》が多数分布し良質の馬を産出する東国では、強力な「兵《つわもの》」と呼ばれる人びとの活躍が知られるようになる。『古事談《こじだん》』▲などの説話集には、彼らの活躍を題材とする説話が数多くおさめられている。

その一方で、東国は治安の悪い地域ともみなされていた。東海道や東山道を騎馬で自由に往来し、京都に運ばれる年貢《ねんぐ》や官物《かんもつ》などを略奪してまわった「僦《しゅう》馬《ば》の党《とう》」▲の活動はその代表である。「兵」たちは国司《こくし》の支配に抵抗し、また「兵」どうしも勢力争いを繰り広げていた。こうした動きは東国以外の各地でも共通してみられる現象ではあるが、十世紀前半の平将門《まさかど》の乱▲の勃発にみられるように、東国ではとくにその規模が大きかったことがうかがわれる。

朝廷《ちょうてい》も将門の乱の前後から、武力に優れた者を国司に任命して東国の統制強化を試みるなど対策を講じていた。しかし、彼らも任期終了後には土着化し、勢力拡大をめざして周囲の「兵」たちと競合したり、あらたな国司の支配に抵抗したりするようになり、事情はあまり変わらなかった。結局、朝廷も東国の治安状態を織り込んだ統治体制をとらざるをえず、東国については規定の半分の官物が納入されればよいと慣習的にみなされるようになっていった。

こうした「兵」たちの子孫が東国武士団を形成していくことになる。その代表的な存在が、桓武《かんむ》天皇の曽孫高望王《たかもちおう》▲を始祖とする桓武平氏《へいし》と、藤原秀郷《ひでさと》▲を始祖とする秀郷流藤原氏の人びとであった。

高望王は平姓を賜り、九世紀末に上総介《すけ》に任じられて下向、そのまま現地に土着したことが、その子孫が東国武士として繁栄するきっかけとなった。将門の乱の首謀者平将門、その将門を討ち取った平貞盛《さだもり》はともに高望王の孫である。貞盛はその後本拠地を伊勢《いせ》に移して都を活動拠点としたため、東国を離れるが

▼**平将門の乱**　桓武平氏の平将門が引き起こした反乱事件(九三九〜九四〇年)。坂東諸国を襲撃して国司を追放し、将門みずから新皇《しんのう》と称したが、平貞盛や藤原秀郷により鎮圧された。

▼**高望王**　生没年不詳。桓武天皇の曽孫で、平姓を賜り臣籍《しんせき》にくだる。その子孫からは多数の武士が輩出した。

▼**藤原秀郷**　生没年不詳。下野国の武士。平将門の乱鎮圧の功により従四位下《じゅしいげ》・下野守に任じられた。

(その結果成立するのが伊勢平氏)、その一族は東国各地に広がっていく。常陸大掾《ひたちのだいじょう》・小栗《おぐり》氏(常陸)、千葉氏(下総)、上総氏(上総)、畠山《はたけやま》・河越《かわごえ》・豊島《としま》・江戸《えど》氏(武蔵《むさし》)、渋谷《しぶや》・三浦・中村・梶原《かじわら》・大庭氏(相模)などは、頼朝が伊豆に流されたころに活躍していた桓武平氏系の武士団である。伊豆配流後の頼朝を婿に迎え、その挙兵を支えることになる北条《ほうじょう》氏も桓武平氏の末裔である。

藤原秀郷は父祖以来下野国の「兵」で、将門の乱鎮圧の功績により一気に武名を高め、平貞盛と同じく都に活躍の場を求めたが、息子の千春《ちはる》が安和《あんな》の変《へん》▲に巻き込まれて没落、以後秀郷の子孫たちは東国武士として生きる道を選択する。頼朝が伊豆に流されたころには、小山・足利《あしかが》氏(下野)、下河辺《しもこうべ》氏(下総)、波多野・河村《かわむら》・山内氏(相模)らが活動していた。

桓武平氏や秀郷流藤原氏にやや遅れて東国に乗り込んできたのが清和源氏、なかでも河内源氏庶流であった。前九年合戦《ぜんくねんかっせん》・後三年《ごさんねん》合戦▲を戦い、東国全体に武名をとどろかせた源義家《よしいえ》の弟義光《よしみつ》の子孫からは佐竹《さたけ》氏(常陸)や甲斐《かい》源氏・信濃《しなの》源氏が、義家の庶子義国《よしくに》の子孫からは新田《にった》氏(上野)や足利氏(下野。秀郷流藤原氏の足利氏とは別)などが分出している。

▼安和の変　九六九(安和二)年源満仲《みつなか》らの密告により、左《さ》大臣源高明《たかあきら》が失脚した事件。その背景には、高明の台頭を望まない藤原氏の謀略とともに、清和源氏による秀郷流藤原氏追落しがあった。

▼前九年合戦・後三年合戦　十一世紀後半にあいついだ東北の戦乱。前九年合戦(一〇五一〜六二年)は奥六郡《おくろくぐん》を領する安倍《あべ》氏による反乱事件で、源頼義・義家父子によって鎮圧された。安倍氏にかわって勢力をえた清原《きよはら》氏の内紛に源義家が介入したのが後三年合戦(一〇八三〜八七年)。

前九年合戦に出陣する源頼義・義家父子と東国武士たち(『前九年合戦絵詞』)

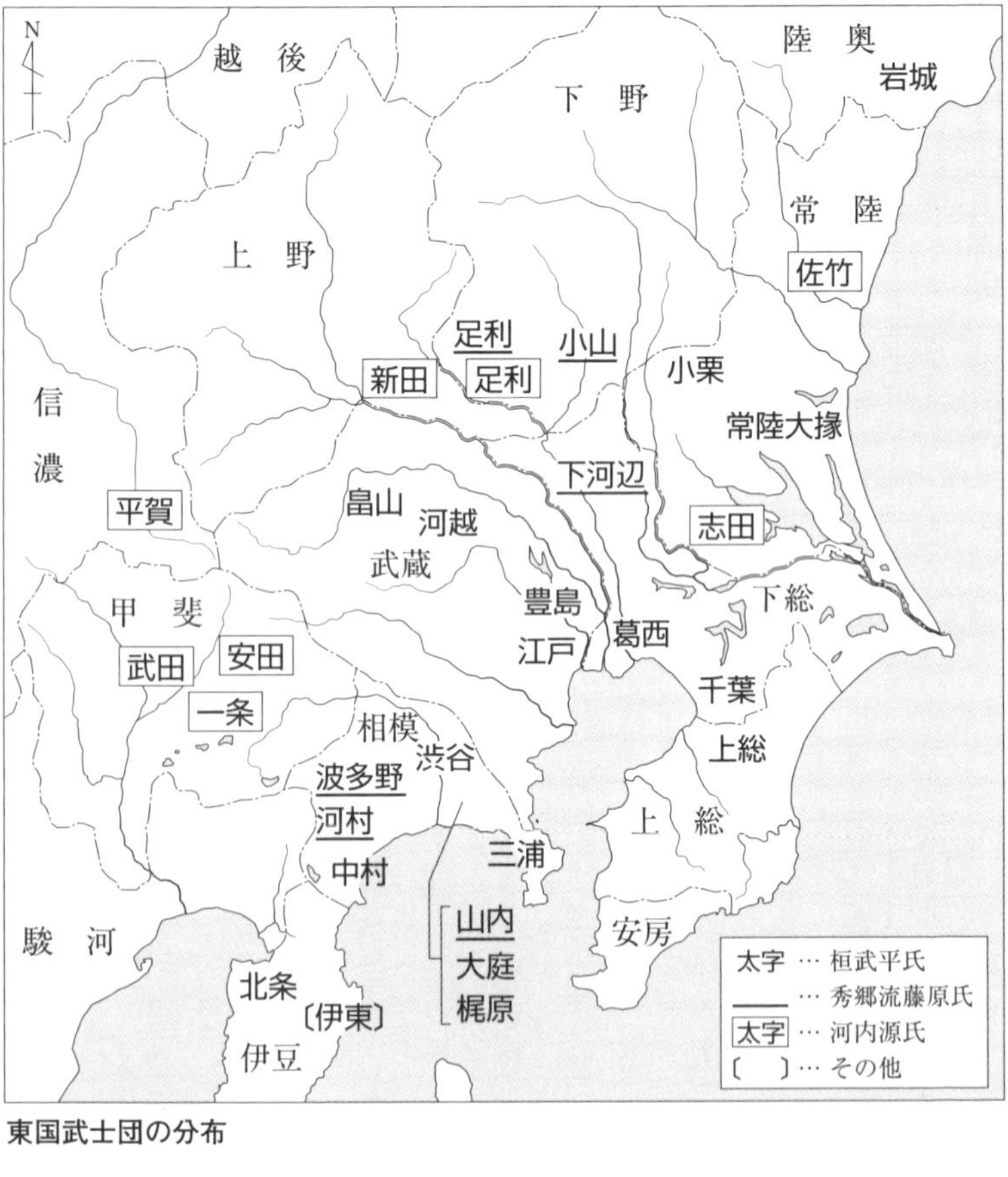

東国武士団の分布

彼ら東国武士たちは、血縁関係や姻戚関係などを利用した合従連衡《がっしょうれんこう》を繰り返して、相互にせめぎあいを続けていた。もちろん、そうしたせめぎあいは狭い意味での東国の範囲におさまるものではなかった。常陸大掾氏の一族は陸奥《むつ》国岩城《いわき》郡(現、福島県いわき市)に進出し、海道《かいどう》平氏岩城《いわき》・岩崎《いわさき》氏を成立させている。また秀郷流藤原氏からも陸奥国信夫《しのぶ》郡(現、福島県福島市・二本松《にほんまつ》市)に進出する一族があらわれ、信夫佐藤《さとう》氏を形成する。さらに佐竹氏や常陸大掾吉田《よしだ》氏は遠く平泉《ひらいずみ》藤原氏とも婚姻関係を結んでおり、東国武士団と奥州《おうしゅう》との関係も見過ごすことはできない。

頼朝の父義朝がやってきたのは、このように桓武平氏・秀郷流藤原氏・河内源氏庶流の武士団がひしめきあっていた東国であった。すでに新興勢力がはいりこむ余地は残されていなかったようにもみえるが、義朝のやり方はこれら先行の武士団とは異なっていた。すなわち、相互にせめぎあう武士団の上に立って、彼らを束ねる形で義朝は東国に勢力を広げていったのである。義朝が大庭御厨や相馬御厨をめぐる紛争に干渉することによって、その周辺の武士団と主従関係を結んでいったことをさきに紹介したが、そうした方法で広域の武士団を組織していった点に、源義朝の画期的な役割があったのである。その成果の一端は保元の乱で示された。義朝はこの戦争に、相模・安房・上総・下総・武蔵・上野・下野・常陸の武士たちを動員したのである。義朝による東国武士団の組織化が着実に形成されつつあったことがうかがえる。

ただ、義朝と東国武士の主従関係を過大に評価することはできない。相模の武士波多野義通は、義朝と姻戚関係(義通の妹が義朝の妻となり、朝長を生んでいる)でも結ばれており、保元の乱にも従軍していた。ところが義朝の政治的地位が高まりつつあった一一五八(保元三)年に、彼は義朝と不和となり、都を離れ郷里の相模国波多野郷に引き揚げてしまっているのである。当時の主従関係には、より緊密な「譜代《ふだい》の家人《けにん》」型と、従者の側に去留の自由が認められていた「家礼《けらい》」型の二タイプがあったとされているが、義朝と東国武士との関係も多くは「家礼」型に相当するものであったと考えられる。

そして、平治の乱の敗北により義朝の試みは挫折してしまう。その後に東国に勢力をおよぼしてきたのが、平清盛を首長《しゅちょう》とする伊勢平氏(他の桓武平氏諸流と区別して「平家《へいけ》」と呼ぶことにする)であった。もちろん、清盛やその息子たちがみずから東国に乗り込んできたわけではなかったし、平家との主従関係も「家礼」型にとどまるものではあった。しかし、平家と主従関係を結んだ武士団も広く東国全体におよび、それまで義朝と主従関係を結んでいた武士団のなかにも、あらたに平家と主従関係を結びなおした者が少なくなかった。かつて義朝に従って保元の乱を戦った大庭景親《かげちか》もその一人であるが、彼についてはまたあとでふれることにする。

京都と東国武士

当時の東国を知るためには、東国の内側をみるだけでは不十分である。さきに東国武士団と奥州の関係にふれたが、京都との関係をみておくことも必要である。たしかに朝廷の東国政策にはやや腰が引けたものがあったが、それは京都の人びとが東国や東国武士団に無関心であったわけでも、両者の関係が希薄であったことを意味するのでもないのである。

東国武士たちはある意味では京都と積極的にコンタクトをとろうとしていた。そもそも彼らの始祖は多くが京都から下向してきた国司たちであったのだから、当初から京都を中心とする人脈の圏内にあったわけであるが、東国土着後も、そうした人脈は維持・再生産されている。東国独立をめざしたとされる平将門も青年時代に上洛し、当時の政界の実力者藤原忠平《ただひら》▲に名簿《みょうぶ》をささげてその家人となっており、忠平との関係は挙兵後も継続している。『御堂関白記《みどうかんぱくき》』▲や『小右記《しょうゆうき》』▲といった当時の貴族の日記にも、平維幹《これもと》や藤原兼光《かねみつ》など桓武平氏・秀郷流藤原氏の武士たちが、馬などを手土産に挨拶に訪れている姿がよくみられる。

こうしたなかで東国武士の活動が京都でもみられるようになる。貴族や院に仕えてその護衛にあたったり、さらには衛門府《えもんふ》や兵衛府《ひょうえふ》などに出仕して朝廷から位階《いかい》や官職をあたえられたりする者もあらわれた。こうした動きを象徴するのが京都大番役《おおばんやく》である。東国をはじめとする各地の武士が交替で上洛して内裏《だいり》の警備にあたるこの役は、右のような在京活動を志向する武士たちの動きに乗ることによって実現されていたのであり、また東国武士と京都との関係を再生産する役割を果たしたともいえよう。平家も、平治の乱後に管掌するようになった京都大番役を通じて、東国武士たちとの関係を深めていった。

また、延暦寺《えんりゃくじ》▲や園城寺《おんじょうじ》▲といった京都周辺の有力寺院に東国武士の子弟がは

▼藤原忠平　八八〇～九四九年。藤原基経《もとつね》の子。朱雀《すざく》・村上《むらかみ》天皇のもとで摂政《せっしょう》・関白《かんぱく》をつとめた。

▼『御堂関白記』　一条《いちじょう》・三条《さんじょう》・後《ご》一条天皇のもとで絶大な権力をふるった藤原道長《みちなが》（九六六～一〇二七年）の日記。

▼『小右記』　故実家《こじつか》として藤原道長からも一目おかれた公卿藤原実資《さねすけ》（九五七～一〇四六年）の日記。

▼延暦寺　最澄《さいちょう》（七六七～八二二年）によって創建された天台宗《てんだいしゅう》の総本山。滋賀県大津《おおつ》市所在。「山門《さんもん》」と呼ばれ、宗教界・政界にも大きな影響をおよぼした。

▼園城寺　天台宗寺門派《じもんは》の総本山。滋賀県大津市所在。山門の円《えん》仁《にん》門徒と対立した円珍《えんちん》門徒が拠点とした。延暦寺とならび、宗教界・政界に大きな影響をおよぼした。

いっていることも見過ごすことはできない。これまた東国武士の在京活動の一つとみることができる。東国武士と京都との関わり方は多様であった。

このような東国武士と京都との関わりは空間としての京都のなかにとどまるものではなく、東国にも持ち込まれていた。むしろこの点にこそ東国武士が京都を志向する意義があったといえよう。在京活動の結果獲得した位階や官職がおびる権威は、東国での彼らの活動に有利に作用したことであろう。さらに、出仕する貴族や寺社の東国所領の経営に携わることは、みずからの勢力基盤を拡大することにもなった。また、東国武士たちは在庁官人《ざいちょうかんじん》▲として地方行政に参与する立場にもあったが、そうした立場を介して都の知行国主《ちぎょうこくしゅ》▲や都から派遣されてくる目代《もくだい》▲と結びつくことも、メリットのあることであった。

以上のように、京都との関係が東国における武士の活動に大きな役割を果たしていたのであるが、それは東国にあらたな緊張と混乱を持ち込むものでもあった。とくに京都と東国武士との関係が一律ではなく、多様であったことは、そうした緊張や混乱を増幅することになった。京都における政治的な対立も東国に持ち込まれたからである。

▼**在庁官人**　国衙《こくが》において行政の実務を担った役人。国内の有力者が起用され、その多くが武士化していった。

▼**知行国主**　朝廷から国をあたえられた皇族や貴族、寺社のこと。院政期以降、彼らが子弟や家司《けいし》などを名目的な国司に申し任じ、国からの収益を取得する知行国制が盛行した。

▼**目代**　平安時代半ば以降、赴任しなくなった国司にかわって国衙を指揮した代官《だいかん》。実務能力に優れた下級官人らが起用された。

東国にあらたな武士団組織を構築しつつあった源義朝も、そうした制約から自由ではなかった。彼は鳥羽院《とばいん》の近臣としての性格を強めて東国での勢力拡大をめざしていくようになるが、それは摂関家《せっかんけ》との関係を背景に同じく東国での勢力拡大をはかる父為義らの動きと鋭く対立した。一一五五(久寿二)年八月、義朝の子義平は、武蔵国大蔵館《おおくらのたち》(現、埼玉県嵐山町《らんざん》)に為義の子義賢(義平にとっては叔父にあたる)と武蔵武士秩父重隆《ちちぶしげたか》を攻め滅ぼしてしまう。大蔵合戦と呼ばれるこの事件は、東国での覇権をめぐる河内源氏内部の対立、武蔵武士秩父氏内の勢力争いであるとともに、京都における鳥羽院と摂関家の対立によって引き起こされたものであった。

東国をめざす都人

東国と京都とのあいだを往来したのは武士たちだけではなかった。京都にも積極的に東国とかかわろうとする人びとがいた。

太政官《だじょうかん》の弁官局《べんかんきょく》や外記《げき》局に出仕していた中原《なかはら》氏や三善《みよし》氏といった下級貴族たちには、五位に叙されるといったん職を退き、順番で受領《ずりょう》に任じられる慣習が成立していた。受領に任じられる順番がまわってくるまでのあいだ、彼らはその実務能力をいかして院や貴族の家政機関の職員をつとめたほか、地方に下向して現地の目代に起用されたり、地方の有力武士に仕えたりすることもあった。彼らにとって、東国をはじめとする地方はけっして縁遠い世界ではなく、活躍の場でさえあったのである。

　こうした下級官人のなかには、そのまま地方に居ついたり、地方の人びとと所縁《しょえん》を形成したりする者もいた。その点で注目されるのは、のちに頼朝に仕えて草創期鎌倉幕府の実務機構を支えた中原親能《ちかよし》▲である。明法博士《みょうぼうはかせ》▲中原広季《ひろすえ》の子（広季の養子とする説もある）で、京都で斎院《さいいん》次官に任じられていたが、幼少期を相模の武士波多野経家《つねいえ》に養育されてすごし、その娘を妻としていた。また、波多野義通（経家の兄弟）の妹が源義朝の妻となったことはさきにふれたが、彼女は中原氏にも嫁したことがあり、中原久経《ひさつね》を生んでいる。久経も朝廷に下級官人として仕えたのち、東国にくだって頼朝に仕えている。朝廷の下級官人中原氏と相模の武士波多野氏の浅からぬ関係がうかがえるが、こうした関係はほかにも広く取り結ばれていたことであろう。

▼**中原親能**　一一四三〜一二〇八年。朝廷の下級官人。源頼朝と親交があり、その挙兵直後に鎌倉に下向。公事奉行人《くじぶぎょうにん》として活動する一方、平家追討軍の一員として源範頼《のりより》に従軍したり、京都守護《しゅご》などをつとめたりした。

▼**明法博士**　律令《りつりょう》の解釈・教授を担当する明法科の博士。平安《へいあん》時代中期以降、坂上《さかのうえ》・中原氏の家職として継承された。

安達盛長像

▼安達盛長　一一三五〜一二〇〇年。源頼朝の乳母比企尼の娘婿で、頼朝の伊豆配流中から側近として仕えた御家人《ごけにん》。

▼比企能員　?〜一二〇三年。源頼朝の乳母比企尼の甥でその養子という関係から、頼朝に重用された御家人。源頼家の乳母夫に任じられ、上野・信濃守護もつとめた。頼朝死後、北条時政と対立、暗殺される。

東国に活躍の場を求めたのは中原氏や三善氏といった実務官僚ばかりではない。頼朝の舅北条時政《ときまさ》の後妻牧《まき》の方《かた》は、伊豆に隣接する駿河《するが》国大岡《おおおか》牧を知行していた牧宗親《むねちか》を父とする。実は宗親の姉は頼朝の助命嘆願をした池禅尼であり、宗親自身も大舎人允《おおとねりのじょう》もしくは諸陵助《しょりょうのすけ》に任じられた下級貴族であった。宗親は、池禅尼と平忠盛《ただもり》とのあいだに生まれた平頼盛（宗親の甥）に仕えており、そうした関係から頼盛の所領《しょりょう》大岡牧をあずかることになり、現地に下向していたとみられる。北条時政との関係もそこから始まったのであろう。

右のような牧宗親の経歴をみると思い出されるのが、比企尼《ひきのあま》という女性である。彼女は頼朝の乳母で、頼朝が伊豆に流されると、自分も東国に下向してその生活を支え続け、さらに娘婿の一人安達盛長《あだちもりなが》▲を頼朝の側近に進め、その挙兵を支援させている。頼朝もその忠節に応えて、彼女の甥で養子の比企能員《ひきよしかず》▲を嫡男頼家《よりいえ》の乳母夫《めのと》に任じたり、北陸方面の指揮官に任じたりして優遇している。

東国下向を決意した彼女は、武蔵国比企郡を請所《うけしょ》として、夫「掃部允《かもんのじょう》」とともにくだってきたという。比企尼の夫については相模波多野氏の出身と伝える系図もあるが、「掃部允」という官職と、比企郡を請所として下向してきたという経緯は、牧宗親の場合と共通するものがある。おそらくは彼も貴族社会の一員だったのではなかろうか。とすると、比企尼の東国下向は、彼ら下級貴族もその気にさえなれば、東国に下向して活動することは可能であったことを示している。貴族社会と東国の距離もまた案外近いものであった。

頼朝が下向した当時の東国とは、およそ以上のような世界であった。それぞれが独自に京都と関係をもちながら武士団が割拠し、またさまざまな所縁を伝って京都の人びとも東国にやってきていた。

そうしたなかで頼朝がどのような流人《るにん》生活を送っていたかはよくわからないが、「流人」という言葉から連想されるほど過酷なものではなかったらしい。頼朝と同じ時期に、平時忠《ときただ》▲(平清盛の妻の弟)の息子時実《ときざね》や、伊勢平氏一族平信兼《のぶかね》の息子兼隆《かねたか》も上総・伊豆に流されているが、それぞれ上総広常《かずさひろつね》・堤信遠《つつみのぶとお》という現地の武士によって庇護されている。謀反人《むほんにん》である頼朝を彼らと同列に扱うことはできないかもしれないが、彼も伊豆の武士北条時政という庇護者にめぐまれることになった。時政の娘政子《まさこ》▲が頼朝と結婚したのは、一一七〇年代後半のことであった。

▼**平時忠**　一一三〇(一一二八とも)〜八九年。姉時子《ときこ》が平清盛の正妻だったことなどから、威勢をふるった貴族。平家都落ちに同道し、壇ノ浦《だんのうら》の合戦では生き残ったが、能登《のと》国に流された。

▼**北条政子**　一一五七〜一二二五年。伊豆の武士北条時政の娘。伊豆配流中の頼朝の妻となり、頼家・実朝《さねとも》など二男二女の母となる。頼朝死後は後家として、また実朝暗殺後は弟の執権《しっけん》北条義時《よしとき》とともに幕府を支えた。

②—鎌倉殿の登場

頼朝挙兵

頼朝と政子《まさこ》とのあいだには、一一七八（治承《じしょう》二）年ごろに長女の大姫《おおひめ》が誕生している。いつしか頼朝も時政《ときまさ》の北条館《ほうじょうのたち》近くに起居するようになっていた。

伊豆韮山《いずにらやま》の願成就院《がんじょうじゅいん》（静岡県伊豆《いず》の国市《くに》）は北条時政創建の寺院で、運慶《うんけい》作の阿弥陀如来《あみだにょらい》像や不動明王《ふどうみょうおう》像などを今に伝えているが、この願成就院と守山《もりやま》を挟んで反対側、狩野《かの》川に臨む谷あいの地に円成寺《えんじょうじ》跡がある。近年の発掘調査によって、ここが北条館の跡であることがわかってきた。伊豆国府《こくふ》へいたる街《かい》道《どう》（のちの下田《しもだ》街道）が近くを走り、狩野川水運もおさえる交通の要衝《ようしょう》であった。

『吾妻鏡《あずまかがみ》』▲によると、一一八〇（治承四）年四月二十七日、この北条館にいる頼朝を叔父源行家《ゆきいえ》が訪ねてきている。行家は東国《とうごく》の源氏《げんじ》らに武装蜂起を呼びかける以仁王《もちひとおう》の令旨《りょうじ》を携えており、頼朝に挙兵を勧めにきたのであった。

後白河院《ごしらかわいん》の第二皇子（第三皇子とも）以仁王はみずから皇位に即こうとして、源頼政《よりまさ》▲とともに平家《へいけ》打倒を画策していた。その一環として源行家を派遣し、武

円成寺跡（伊豆の国市寺家《じけ》） 手前は狩野川。背後の守山の向こうに田方《たがた》平野が広がる。

▼**『吾妻鏡』** 鎌倉幕府《ばくふ》周辺の出来事を編年体《へんねんたい》で記した歴史書。一一八〇（治承四）年の以仁王の挙兵から一二六六（文永《ぶんえい》三）年の宗尊親王《むねたかしんのう》の上洛までを描く。十四世紀初頭に幕府関係者により編纂された。

装蜂起を呼びかける檄文《げきぶん》を東国武士たちに伝達していたのである。ところが、この謀議は事前に発覚してしまい、以仁王らは京都を脱出し園城寺《おんじょうじ》に逃げ込む。さらに興福寺《こうふくじ》を頼って奈良に向かおうとするが、途中の宇治《うじ》で平家の軍勢に追撃され、五月二十六日に以仁王・頼政ともに討死してしまう。

『吾妻鏡』には頼朝が受け取った以仁王の令旨が引用されているが、様式が異様であることから、これを偽作とする説もある。また、以仁王の謀議そのものを疑問視し、謀議の「発覚」以前に令旨が撒かれたことはなかったとする説もある。しかし、以仁王の檄文を手にした東国武士は頼朝以外にも確認されるので、この事件の前後に武装蜂起を呼びかける以仁王の令旨が発せられたことはまちがいない。

平家をはじめとする京都の人びとは、令旨の存在には気がついていなかったようであるが、この事件があたえる影響については認識しており、「諸国にいる源氏の多くが以仁王に与同するであろう」(『玉葉《ぎょくよう》』)と予測されていた。平清《たいらのきよ》盛《もり》もその危険を察知しており、大庭景親《おおばかげちか》▲ら平家家人《へいけけにん》の東国武士を派遣して、東国にいる源頼政の孫を追討しようとしている。おそらく頼朝にも嫌疑の目が向

▼源頼政　一一〇四〜八〇年。摂津《せっつ》源氏の武士(七ページ源氏略系図①参照)。鳥羽院《とばいん》に仕え、大《おお》内守護《うちしゅご》など都の武士として活躍。一一七八(治承二)年には、平清盛の推挙により従三位に叙され公《く》卿《ぎょう》に列した。歌人としても著名。

▼大庭景親　?〜一一八〇年。相模の武士。源義朝に仕え、保元の乱にも参戦。義朝滅亡後は平家に仕え、「東国ノ御後見《ごこうけん》」(『源平盛《げんぺいじょう》衰記《すいき》』)と呼ばれた。富士川の合戦後、頼朝に降伏するが処刑される。

源頼政像

けられたであろう。

こうした情勢は頼朝もつかんでいた。さきにふれた三善康信《みよしやすのぶ》は、毎月三回使者を派遣して都《みやこ》の動静を頼朝に伝えていたが、この年の六月には以仁王の敗死とともに頼朝の身にも危険が迫っていることを伝え、奥州《おうしゅう》への避難を勧めている。今回はわざわざ弟の康清《やすきよ》に休暇をとらせて下向させており、事態が緊迫していたことがうかがわれる。

これらの動きを受けて、ついに頼朝も挙兵に踏み切る。その標的とされたのは、北条館の目と鼻の先の山木《やまき》に居館を構えていた平兼隆《かねたか》▲とその後見堤信遠《つつみのぶとお》であった。兼隆は都で活躍していた武士で、父信兼《のぶかね》との不和により伊豆に流されていたのであるが、以仁王の事件後、討死した源頼政にかわってあらたに伊豆の知行国主《ちぎょうこくしゅ》となった平時忠《ときただ》の目代《もくだい》に起用されていた。頼朝にとってはまさに身近な危険人物であった。伊豆国府三島社《みしましゃ》の祭礼当日の八月十七日夜、頼朝は北条時政らに命じて兼隆・信遠の館に奇襲をかけ、二人を討ち取っている。小さな勝利ではあるが、記念すべき第一歩であった。時に頼朝三四歳、伊豆に配流《はいる》されてからちょうど二〇年が経過していた。

▼**平兼隆**　?～一一八〇年。伊勢《いせ》平氏の一族平信兼の子。都で検非違使《けびいし》などとして活躍していたが、父信兼との不和により、一一七九(治承三)年正月解官《げかん》され、伊豆に蟄居《ちっきょ》させられていた。

もちろん、頼朝の身に危険が迫っている状況に変わりはなかった。すぐに次の軍事行動に移り、相模《さがみ》の三浦《みうら》氏との合流をめざして、北条館から北上を開始した。一行の旗の上には以仁王の令旨が掲げられていた。

しかし、その行く手には、平清盛の指令を受けて下向してきた大庭景親ら平家家人の武士三〇〇〇騎が待ち構えていた。対する頼朝一行はわずかに三〇〇騎。一団を率いる大庭景親はかつて源義朝《よしとも》に従って保元《ほうげん》の乱《らん》を戦った武士であるが、義朝の遺児頼朝と対戦するのになんのためらいもみせていない。ほかにもこの一団には、海老名季貞《えびなすえさだ》・熊谷直実《くまがいなおざね》・渋谷重国《しぶやしげくに》など、義朝とともに保元の乱・平治《へいじ》の乱を戦った東国武士が名を連ねているうえ、頼朝の乳母子《めのとご》山内経俊《やまのうちつねとし》も加わっていた。山内氏は源義家《よしいえ》以来、河内源氏《かわちげんじ》に仕え、平治の乱では経俊の父俊通《としみち》・兄俊綱《としつな》はともに義朝のために討死していた。こうした関係から、挙兵にさきだって頼朝は経俊に参向を呼びかけていたが、経俊はそれを拒否したばかりか、頼朝に対して散々と悪口を吐くというありさまであった。

両軍は八月二十三日に相模国石橋山《いしばしやま》で激突するが、伊東祐親《いとうすけちか》軍に挟みうちにされたこともあり、頼朝軍は一敗地にまみれてしまう。一行はちりぢりとなり、頼朝もわずかに土肥実平《どひさねひら》▲を供として箱根《はこね》山中をさまようことになる。大庭景親の執拗な探索は頼朝自身に何度も死を覚悟させたが、実平の巧みな道案内や箱根山別当行実《べっとうぎょうじつ》による救援、そして景親陣営にあった梶原景時《かじわらかげとき》▲の機転により危地を脱し、海路安房《あわ》に向けて脱出、ここで再起をはかることになる。

房総半島での再起

挙兵当初の頼朝に従ったのは、伊豆や相模西部の武士たちであった。なかでも伊豆狩野川流域には、北条時政▲や工藤茂光《くどうもちみつ》・天野遠景《あまのとおかげ》など、頼朝挙兵に参加した武士が多い。もともとは伊勢《いせ》出身でありながら、平家家人と対立して国を追われ、工藤茂光に庇護されていた加藤景員《かとうかげかず》父子も彼らに準じて考えることができよう。また伊豆東海岸とそれに続く相模西部出身の武士の姿もめだっている。そのうち、土肥実平・土屋宗遠《つちやむねとお》、それに中村景平《なかむらかげひら》・岡崎義実《おかざきよしざね》らは同族・縁者でもあった。おそらくは日常的に地縁・血縁関係で結ばれていた伊豆・相模西部の武士団が頼朝挙兵の母体になったのである。

ほかにも頼朝の乳母比企尼《ひきのあま》の娘婿安達盛長《あだちもりなが》や、佐々木《ささき》氏なども頼朝挙兵に従

土肥実平坐像

▼**土肥実平**　生没年不詳。相模の武士。頼朝挙兵に当初から従う。石橋山の敗戦後、頼朝を助けて房総半島に脱出させるのに功があった。西国《さいごく》での平家追討戦にも従軍し、備前《びぜん》・備中《びっちゅう》・備後《びんご》の惣追捕使《そうついぶし》をつとめた。

▼**梶原景時**　?〜一二〇〇年。相模の武士。石橋山合戦では山中に潜んでいた頼朝をみのがして救ったとされる。のち頼朝に帰参し、その側近として活躍。頼朝死後、他の御家人たちの弾劾を受け滅亡。

▼**北条時政**　一一三八〜一二一五年。伊豆の武士。娘政子は頼朝の妻。頼朝の外戚《がいせき》として、その挙兵当初から従う。一一八五(文治《ぶんじ》元)年には頼朝の代官《だいかん》として上洛、文治勅許《ちょっきょ》の獲得に功績があった。頼朝死後、幕政《ばくせい》を握った。

っている。佐々木氏は近江《おうみ》の武士で、源為義《ためよし》以来の源氏家人であったが、平治の乱後に没落。縁をたどって相模の渋谷氏のもとに身をよせているうちに、頼朝のもとにも通うようになったという。佐々木氏の参加は、見方によっては、かつての従者が主家の再興のためにかけつけてくれたことになる。

『吾妻鏡』によれば、頼朝は「累代御家人《るいだいごけにん》」にも挙兵参加を呼びかけていた。たしかに、かつて主従関係にあった武士には声をかけやすかったろうし、頼朝としても、それなりに期待するところはあったであろう。しかし、乳母子山内経俊はその呼びかけに応じなかったし、波多野義常《はたのよしつね》も同じ対応をとっている。これまで何度か取り上げたように、波多野氏も源義朝のかつての家人であった。さらに、かつての義朝家人たちが石橋山の合戦《かっせん》で頼朝の行く手を遮り、その生命さえおびやかしたことも前にみたとおりである。かつての主従関係は当時の武士たちの行動を拘束するものではなかったのである。

そうしたなかで、相模の有力武士三浦氏が早くから頼朝の挙兵に呼応していたことは注目される。三浦氏もかつての源氏家人で、義朝とともに大庭御厨《みくりや》を荒らしまわったことのある三浦義明《よしあき》は、頼朝挙兵に接して『源家《げんけ》累代の家人』

頼朝の挙兵図

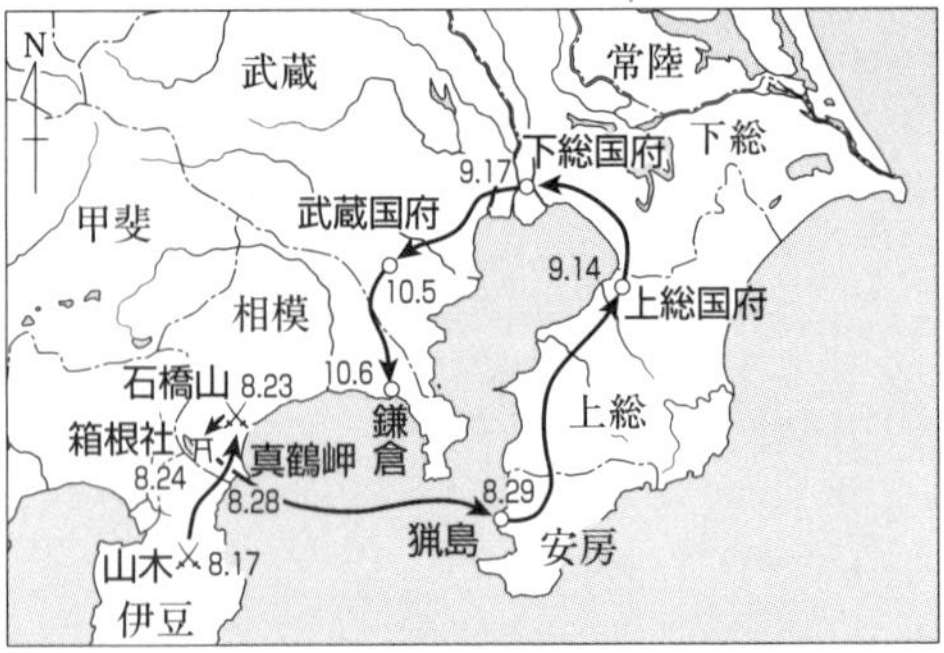

▼**三浦義澄**　一一二七〜一二〇〇年。相模の武士。父義明の遺命に従い、一族を率いて安房で頼朝に合流し、その再起を助けた。富士川の合戦後、「三浦介《みうらのすけ》」の称を許された。西国の平家追討戦でも活躍。

として、その再興のときにめぐりあえたのはしあわせなことである」(『吾妻鏡』)と語ったとされるが、この発言の真意は割り引いて考える必要がある。三浦氏の場合、隣接する大庭氏と勢力を争う関係にあり、平家家人として活躍する大庭景親に対抗するために頼朝に接近していったとも考えられるのである。三浦義明の発言も、頼朝に参向する際の方便とみたほうがよいであろう。

ただし、三浦氏の帰順は頼朝にとって大きな意味をもった。挙兵直後、すぐに三浦氏との合流をめざしていることは、頼朝がいかに三浦氏を頼りとしていたかを示している。また、合流かなわず石橋山の合戦で大敗を喫したあと、安房に逃れたのも、三浦氏と連絡を取りあったうえでの行動らしい。実は三浦氏の勢力は三浦半島にとどまるものではなく、浦賀《うらが》水道を挟んだ対岸房総《ぼうそう》半島にもおよんでおり、三浦義澄《よしずみ》▲は安房国内の「案内者」とも呼ばれているので、頼朝は三浦氏の勢力圏に逃げ込んだことになる。三浦義澄らも居城の衣笠《きぬがさ》城(現、神奈川県横須賀《よこすか》市)をすてて安房にはいっており、頼朝はこの安房の地で「案内者」三浦氏の協力をえながら再起をはかることになる。

そして、頼朝の再起を決定づけたのは、房総半島の大豪族《ごうぞく》上総広常《かずさひろつね》▲と千葉《ちば》常《つね》胤《たね》▲の帰順であった。彼らも早くから頼朝に通じていた形跡がある。千葉常胤の嫡子胤頼《たねより》は挙兵以前から頼朝のもとに出入りしており、父常胤に頼朝への帰順を積極的に勧めたとされる。一方、上総広常は頼朝への帰順を約束しながらも二心をいだいており、もし頼朝に器量がなければ、討ちとって平家への手土産にしようとしていたが、二万騎の大軍を率いて参向してみると、頼朝は大軍の来援を喜ぶどころか、かえって広常の遅参を叱責したため、広常もすっかりその「人主の体」に感服してしまったという逸話が『吾妻鏡』に記されている。広常についてはその後も「親子三代にわたってそうした礼をとったことはない」として頼朝の面前でも下馬しなかったり、京都や朝廷のことばかり気にかけるのは見苦しいと頼朝を批判したりと、とかく不遜な人物として伝えられている。その真偽はともかく、頼朝挙兵時の動向をみると、広常の弟金田頼次《かねだよりつぐ》は三浦義明の婿として三浦氏と行動をともにしているし、京都には実否不明ながらも広常は九月初めには頼朝に帰順しているとの情報も伝わっている。

　千葉・上総氏ともに義朝の家人ではあったが、彼らが頼朝に帰順した理由はそれとは別のところにあった。千葉氏は、平家の権威を背景とする藤原親政《ふじわらのちかまさ》▲

▼**上総広常**　?〜一一八三年。上総の有力武士。「上総介」を称した。上総・下総に分派した両総平氏の族長で、麾下の武士は二万騎ともいわれた。かつて源義朝に従い保元・平治の乱を戦い、頼朝挙兵にも大きく貢献したが、一一八三(寿永二)年冬、謀叛《むほん》の嫌疑により誅殺された。

▼**千葉常胤**　一一一八〜一二〇一年。下総の有力武士。「千葉介」を称した。相馬御厨をめぐる紛争を契機に源義朝に従い、保元の乱に従軍。頼朝の挙兵にも加わり、西国の平家追討戦にも従軍。頼朝から宿老《しゅくろう》として遇された。

▼**藤原親政**　生没年不詳。祖父の下総守親通《ちかみち》以来、下総国に勢力を扶植。親政は平忠盛《ただもり》の娘を妻とし、妹を平重盛《しげもり》の妻とするなど、平家との関係を背景に下総北東部に勢力を拡大し、千葉氏と対立したが、頼朝と結んだ千葉氏に敗れ、捕虜となる。

一族と下総《しもうさ》国内で深刻な対立関係をかかえており、上総氏も一族内の対立や平家家人藤原忠清《ただきよ》▲と上総国内支配をめぐって対立しており、これらが頼朝帰順の動機になったと考えられている。帰順に際して千葉常胤は「源家の再興に感激し、涙がとまらず、言葉もでない」(『吾妻鏡』)と語っているが、この言葉もそのまま受け取るわけにはいかない。彼らは、頼朝の挙兵に応じることにしたので、かつての源氏との主従関係に言及したまでであって、けっしてその逆ではないのである。

三浦・千葉・上総氏を擁して頼朝は破竹の進撃を開始する。敵対する武士団を殲滅《せんめつ》しつつ九月十三日に安房をでると、十四日には上総国府《こくふ》(現、千葉県市原《いちはら》市)を占拠し、十七日には下総国府(現、千葉県市川《いちかわ》市)に進む。十月二日には隅《すみ》田《だ》川を押し渡り、足立遠元《あだちとおもと》や葛西清重《かさいきよしげ》に迎えられつつ武蔵《むさし》に入国。頼朝への帰順を拒み続けてきた江戸重長《えどしげなが》ら秩父党《ちちぶとう》▲の武士団を圧伏し、五日には武蔵国府(現、東京都府中《ふちゅう》市)にはいる。この間、小山《おやま》氏など北関東の武士団からも帰順する者があらわれ、頼朝軍は五万騎に膨れ上がったとされる。そして、六日には鎌倉《かまくら》にはいり、ここを拠点と定めた。石橋山の惨敗からわずかに四〇日後の、

▼**藤原忠清**　?〜一一八五年。平家の有力家人《けにん》。「(坂東《ばんどう》)八カ国ノ侍《さむらい》ノ別当」(『延慶本《えんぎょうぼん》平家物語』)ともいわれ、一一七九(治承三)年政変後に上総介に任じられ、上総広常と対立。平家の都落ちには同道せず出家。一一八四(元暦《げんりゃく》元)年、平信兼らとともに伊勢で蜂起するも、翌年捕えられて処刑される。

▼**秩父党**　桓武《かんむ》平氏平忠頼《ただより》を祖とする武蔵国の有力武士団。畠山・小山田《おやまだ》・河越・江戸・渋谷・葛西・豊島《としま》氏などからなる。武蔵国留守所惣検校職《るすどころそうけんぎょうしき》は秩父党の家督に伝えられた。

みごとな再起であった。

富士川の合戦から佐竹攻めへ

鎌倉にはいって早々に、頼朝は大庭景能《かげよし》▲に命じてあらたな邸宅を建設させる一方で、妻政子を鎌倉に呼びよせている。挙兵以来、政子は危険を避けて伊豆《いず》山《さん》神社（静岡県熱海《あたみ》市）に身をよせていたのであるが、鎌倉入りによって挙兵のゆくえにもある程度の見通しが立ったのであろう。ただし、頼朝は鎌倉に泰然としているわけにもいかなかった。平家軍が東国に迫りつつあったのである。

頼朝挙兵の知らせは京都には九月初めに届いていた。朝廷は九月五日に頼朝追討宣旨《ついとうせんじ》を発し、平維盛《これもり》▲を追討使として東国に派遣する。維盛軍は十月半ばには駿河国《するがのくに》まで下向していた。

維盛軍接近の知らせを受けて、頼朝も軍勢を率いて鎌倉を出発、駿河国黄瀬《きせ》河《がわ》（現、静岡県沼津《ぬまづ》市）まで進む。頼朝とは別に挙兵していた甲斐《かい》源氏▲の面々も維盛軍を迎撃すべく進出する。世にいう富士川《ふじがわ》の合戦の始まりである。

合戦そのものは実にあっけなく終る。いっせいに飛び立った水鳥の羽音を源

▼**大庭景能**　？～一二一〇年。相模の武士。源義朝に従って保元の乱に従軍し、源為朝と対決した経験をもつ。弟景親とは異なり、源頼朝の挙兵当初より従い、鶴岡《つるがおか》八幡宮《はちまんぐう》奉行《ぶぎょう》などもつとめた。

▼**平維盛**　生没年不詳。平重盛の子。富士川の合戦や越中砺波山の合戦に出陣するが、いずれも敗走。屋島《やしま》の合戦後、一門から離脱。熊野那智《くまのなち》で入水《じゅすい》したとも、鎌倉下《げ》向《こう》途中で病死したともいう。

▼**甲斐源氏**　源義光《よしみつ》を祖とする清和源氏の一流で甲斐国内に盤踞《ばんきょ》。武田《たけだ》・安田《やすだ》・逸見《へみ》・加賀美《かがみ》氏などからなる（七ページ源氏略系図①参照）。挙兵当初は頼朝とも同盟軍的立場にあったが、しだいにその傘下に組み込まれていった。

氏軍の夜襲と錯覚して、維盛軍が総崩れになったというのは有名な逸話である。『吾妻鏡』などでは、甲斐源氏は頼朝の指揮下にあったように描かれているが、甲斐源氏は頼朝とは独立した動きをとっており、維盛軍と直接対陣したのも甲斐源氏の軍勢であった。頼朝軍は富士川の戦場からは離れた黄瀬河を動くことはなく、維盛軍と交戦することもなかったと考えられている。

問題は維盛軍潰走後である。頼朝は逃げる維盛を追って京都に攻めのぼることを東国武士たちに命じたのである。敗軍を追撃するのは戦場での習いでもある。のちのことになるが、一一八三(寿永《じゅえい》二)年五月、平家の大軍を越中《えっちゅう》・加賀《かが》国境の砺波山《となみやま》(現、富山県小矢部市《おやべ》)で迎え討って大勝利をおさめた木曽義仲《きそよしなか》▲は、そのまま逃げる平家軍を追撃して上洛《じょうらく》をとげている。それと同列に論じることはできないが、富士川の合戦の直後、頼朝が「上洛できる」と判断してもおかしくはなかったであろう。

頼朝が上洛を志向するのも、彼の生い立ちを考えれば、ごく当然のことであった。彼は清和《せいわ》源氏の貴公子として京都政界で活躍することを期待されて育てられたのである。伊豆での二〇年間の流人《るにん》生活をへてなお、いやそれだけにい

▼**木曽義仲**　一一五四～八四年。清和源氏源義賢《よしかた》の子。頼朝の従弟(七ページ源氏略系図②参照)。頼朝とほぼ同時に挙兵。一一八三(寿永二)年平家を追って上洛するも、後白河院《ごしらかわいん》と対立。翌年、源範《のり》頼《より》・義経《よしつね》に攻め滅ぼされた。

っそう、京都への復帰は頼朝の切望するところであったろう。

ここで頼朝に待ったをかけたのが、三浦義澄・千葉常胤・上総広常であった。彼らは主君頼朝の夢をかなえるために、その挙兵に加わったのではない。彼らには彼らなりの思惑があったことは前にみたとおりである。彼らの諫言《かんげん》は頼朝のもとに参じた多くの東国武士の声を代弁するものでもあった。

彼らは常陸《ひたち》の佐竹《さたけ》氏を攻撃すべきことを頼朝に説いた。佐竹氏は数多くの兵力を有しながら、いまだ頼朝に帰伏していないうえ、佐竹隆義《たかよし》▲は平家に従って在京中である。まずは佐竹氏など東国の反対勢力を鎮圧してから、上洛しても遅くないではないか、と頼朝を説得したのである。

たしかに佐竹氏は奥州藤原氏とも通じており、頼朝の背後をおびやかす存在であった。佐竹氏以外にも北関東には、志田義広《しだよしひろ》▲や新田《にった》氏など去就《きょしゅう》の明らかでない武士団も少なくなかった。しかし、広常らの真意はその裏にあった。すなわち、千葉氏や上総氏にとって佐竹氏は相馬《そうま》御厨や常総《じょうそう》地域の内海水運をめぐって争ってきた長年のライバルであって、頼朝のもとに結集した力を利用して、積年の課題を解決することこそが、彼らの当面の思惑なのであった。

▼佐竹隆義　生没年不詳。清和源氏佐竹昌義《まさよし》の子（七ページ源氏略系図①参照）。母は奥州藤原清《きよ》衡《ひら》の娘。『延慶本平家物語』では一一八一（養和《ようわ》元）年、常陸介に任じられて下向し、頼朝と戦うも、敗れて奥州に逃れたとされる。のち頼朝に帰順。

▼志田義広　生没年不詳。源為義の子。頼朝の叔父（七ページ源氏略系図①参照）。常陸信太荘《しだのしょう》を拠点とする。頼朝にいったん帰参するが、一一八三（寿永二）年に蜂起。敗れて木曽義仲のもとに逃れる。義仲滅亡後に攻め殺されたとも、義経の挙兵に従って殺されたともいう。

結局、頼朝もこの諫言に従い、進路を西から東へと変える。鎌倉への帰路、十月二十三日に相模国府(現、神奈川県大磯《おおいそ》町)で今回の合戦の勲功賞を行うと、二十七日には早々に佐竹氏攻撃のため鎌倉を進発している。佐竹秀義《ひでよし》(隆義の子)は金砂《かなさ》城(現、茨城県常陸太田《ひたちおおた》市)に立てこもり徹底抗戦の構えをみせるが、叔父佐竹義季《よしすえ》の内応もあり落城、秀義は城に火を放って奥州花園《はなぞの》城へと逃亡する(花園城については常陸国奥《おく》郡に所在したとする説もある)。

佐竹秀義の所領《しょりょう》は没収されて、頼朝配下の武士団に勲功賞としてわけあたえられた。また、佐竹氏攻撃後には、新田義重《よししげ》と志田義広があいついで頼朝のもとを訪れて帰順を果たしている。たしかに佐竹攻めは東国における頼朝の勢力基盤の強化という結果をもたらしている。その一方で、佐竹攻めでもっとも積極的に戦ったのがほかならぬ上総広常であったことは、この戦いが東国武士たちにとってはまた別の意味をもつ戦いでもあったことを示している。

富士川の合戦から佐竹攻めへ、頼朝はその進路を西から東へと一八〇度変更したのであるが、それはその後の戦略、さらには頼朝の生き方にとっても大きな分岐点となる出来事であった。

御家人制の誕生

挙兵以来、頼朝の行動は傘下の東国武士たちによって支援されるとともに、制約されるものでもあった。富士川の合戦から佐竹攻めにいたる方向転換は、頼朝と東国武士たちのそうした関係をよく示しているが、両者の関係はそれのみで説明しつくせるものでもない。東国武士たちの側も、頼朝と主従関係を結ぶことによって変化を求められていた。

話は十月四日にさかのぼる。その二日前に武蔵にはいった頼朝のもとに、畠《はたけ》山重忠《やましげただ》・河越重頼《かわごえしげより》・江戸重長ら秩父党の武士たちが参上してきた。畠山重忠らは、それまで頼朝に敵対し、頼朝軍との合流に失敗し三浦半島に帰還しようとしていた三浦一族と由比浜《ゆいがはま》で会戦、さらに三浦氏の本拠地衣笠城を攻め、三浦義明を自害に追い込んでいた。義澄以下の三浦一族は安房に逃れ、頼朝とともに勢力を回復して武蔵まで進撃してきたのであるが、ここで宿敵秩父党の面々と鉢合わせすることになったのである。

秩父党を麾下《きか》におさめることの必要性を認識していた頼朝は義澄らに対して、「頼朝に忠義をつくそうとするならば、秩父党の者たちに対する恨みをすてなければならない」と命じ、三浦一族と畠山重忠らがたがいに目をあわせるように同席させている。目をあわせることは意趣をいだいていないことの意思表示であった。

前にふれたように、当時の東国武士たちは合従連衡《がっしょうれんこう》を重ねて、相互の利害に基づいて私闘を繰り広げていた。そうした武士たちを従者とした頼朝は、私的利害に基づく対立をすてるよう彼らに求めたのである。頼朝との主従関係は、頼朝と個々の武士とのあいだで完結するものではなく、頼朝の従者となった武士たち相互のあいだにもおよぶものとされたのである。

もちろん、武士団相互の争いがまったくなくなったわけではない。三浦氏も、のちに重忠が謀叛の嫌疑をかけられた際には、真っ先に攻撃して滅亡に追い込んでおり、けっして恨みを忘れていたわけではなかった。しかし、頼朝の登場が彼らの行動に一定の抑制を加えたことはまちがいなく、頼朝と主従関係を結ぶことによって、東国武士たちはみずからのあり方に確実に変容を迫られつつあった。

もう一つ注目されるのは、挙兵以来、頼朝が以仁王の令旨を掲げてみずからの挙兵と東国支配を正当化していたことである。平兼隆襲撃直後に伊豆蒲屋《かばや》御厨（現、静岡県南《みなみ》伊豆《いず》町）に発した下文《くだしぶみ》で、以仁王の令旨を根拠として東国支配を宣言していることからもそれは明らかであるが、それと同時に同所に対する「史大夫知親《しのだゆうともちか》」の沙汰《さた》の停止を命じていることもみのがすことはできない。「史大夫知親」とは中原《なかはら》知親のことで、都で太政官弁官局《だじょうかんべんかんきょく》の史《し》として活躍したあと、その実務能力をいかして東国に活躍の場を求めていた「京下《きょうくだり》の輩《ともがら》」であった。知親は親戚でもあった兼隆とともに伊豆の目代として活動していたと推測されるが、頼朝は彼の東国での活動を拒否することを人びとに命じたのである。

そもそも最初に標的にされた平兼隆じたいが「京下の輩」であった。安房に逃げ込んだときも、頼朝はまず地元の武士に国内の「京下の輩」の逮捕を命じている。東国武士たちもそれに応じており、千葉常胤は頼朝のもとに参上するにさきだって、息子胤頼らに命じて下総国目代を討ち取らせている。

こうした目代たちは往々にして東国武士たちと対立していたし、この当時の目代には平家関係者が多かったことも確かである。また、彼らを排除した結果、頼朝は直接東国諸国の国衙《こくが》機構を掌握することになり、それが彼の挙兵を成功に導いたこともまちがいない。だが、頼朝が「京下の輩」の拒否を東国武士たちに命じた意図はまた別のところにあったのではないだろうか。

中原知親のような「京下の輩」が珍しい存在ではなかったこと、また東国武士はさまざまな所縁《しょえん》により京都や京都の人びとと関係を取り結んでいたことは、前に述べたとおりである。しかも、そうした京都との関係が東国や東国武士団のあいだに対立と混乱を持ち込んでさえいた。二〇年間の流人生活のなかで、「東国知らずの」、ある意味で異邦人として東国社会を眺め続けてきた頼朝は、こうした矛盾に気がついていた可能性がある。とするならば、頼朝はあえて東国の人びとに「京下の輩」の存在を否定させることによって、京都と東国の関係を一時的に断線ないし麻痺させることを意図していたのではなかろうか。

もちろん、東国社会と京都とのそれまでの歴史、またこれ以後の動向を考えれば、両者が完全に切り離されることはありえない。しかし、内乱という特殊な状況も手伝って、この時期の東国に一時的な真空状態が生まれていたことはまちがいないだろう。

そうしたなかで、頼朝は東国武士たちとのあいだに主従関係を結んでいったのである。攪乱要因の影響が極限まで小さくなった分、主人である頼朝の求心力は高まったはずである。そうであればこそ、頼朝は従者となった武士たちに抑制を加え、彼らのあり方に変容を迫ることができたのである。

このようにして取り結ばれていった頼朝と武士たちとの関係を御家人制《ごけにんせい》▲と呼ぶ。それは、それまでの一般的な主従関係、かつて父義朝が東国武士たちと結んだ主従関係さえも超える関係であった。

鎌倉の主

以上のように、頼朝と東国武士たちの関係はあらたな段階にはいることになった。それを象徴するのが、一一八〇(治承四)年十二月十二日に挙行された鎌倉新造邸への頼朝の移徙《いし》▲の儀式であった。

そもそも鎌倉は河内源氏にとって因縁《いんねん》の地であった。頼朝も鎌倉をめざして安房から上総・下総・武蔵・相模と進撃していった。十月六日に鎌倉にはいると、すぐにあらたな邸宅の建設を命じたことはさきにふれたが、十五日には一応完成したらしく、頼朝は新造鎌倉邸にはいっている。

▼御家人制　鎌倉幕府の首長鎌倉殿と武士たちとの主従関係。鎌倉殿による所領安堵《あんど》や給与と引換えに、武士たちは鎌倉殿にさまざまな奉仕を行った。彼らは御家人と呼ばれ、相互に朋輩《ほうばい》意識をいだいていた。

▼移徙　あらたな邸宅に移ること。

その後、富士川の合戦・佐竹攻めをへて、あらためて新造邸への移徙の儀式が執り行われたのである。この日鎌倉に集まった武士は三一一人。これは当時頼朝の麾下に参じた東国武士の大半と思われるが、彼らの目の前で頼朝は鎌倉邸移徙というセレモニーを演じてみせたのである。これまで述べてきたことからすれば、頼朝の意図は明らかであろう。すなわち、富士川の合戦・佐竹攻めを経過することによって東国を拠点とする意思を固めたことを、彼ら武士たちにアピールしたのである。

　続いて新造邸内では三一一人の武士たちが二列にならんで対座して、侍所《さむらいどころ》▲の別当和田義盛《わだよしもり》▲によって着到《ちゃくとう》▲がつけられたが、これまた頼朝と東国武士たちの関係を象徴する重要な儀式であった。すなわち東国武士たちは、頼朝邸内に一堂に（しかも整然と）会することによって、一致団結して頼朝に仕えることを表明したのであった。それは彼らがおたがいに頼朝の従者、御家人であることを認めあうことでもあった。

　これを機に御家人たちも鎌倉に屋敷を構えるようになり、鎌倉は都市としての体裁を整えていく。もちろん、彼らが鎌倉に常住するようになったわけでは

▼**侍所**　貴族の家におかれた警備を担当する家政機関で、鎌倉幕府では御家人の統括と検断《けんだん》沙汰を担当した。その長官を別当という。

▼**和田義盛**　一一四七～一二一三年。相模の武士。三浦氏の一族。源頼朝挙兵当初から従い、侍所別当に任じられた。宿老として遇されたが、のちに北条義時《よしとき》と対立し、和田合戦で滅亡。

▼**着到**　出勤ないし参陣した者の名前を書きとどめること。

鶴岡八幡宮(鎌倉市雪ノ下)

源頼朝墓(鎌倉市雪《ゆき》ノ下《した》)

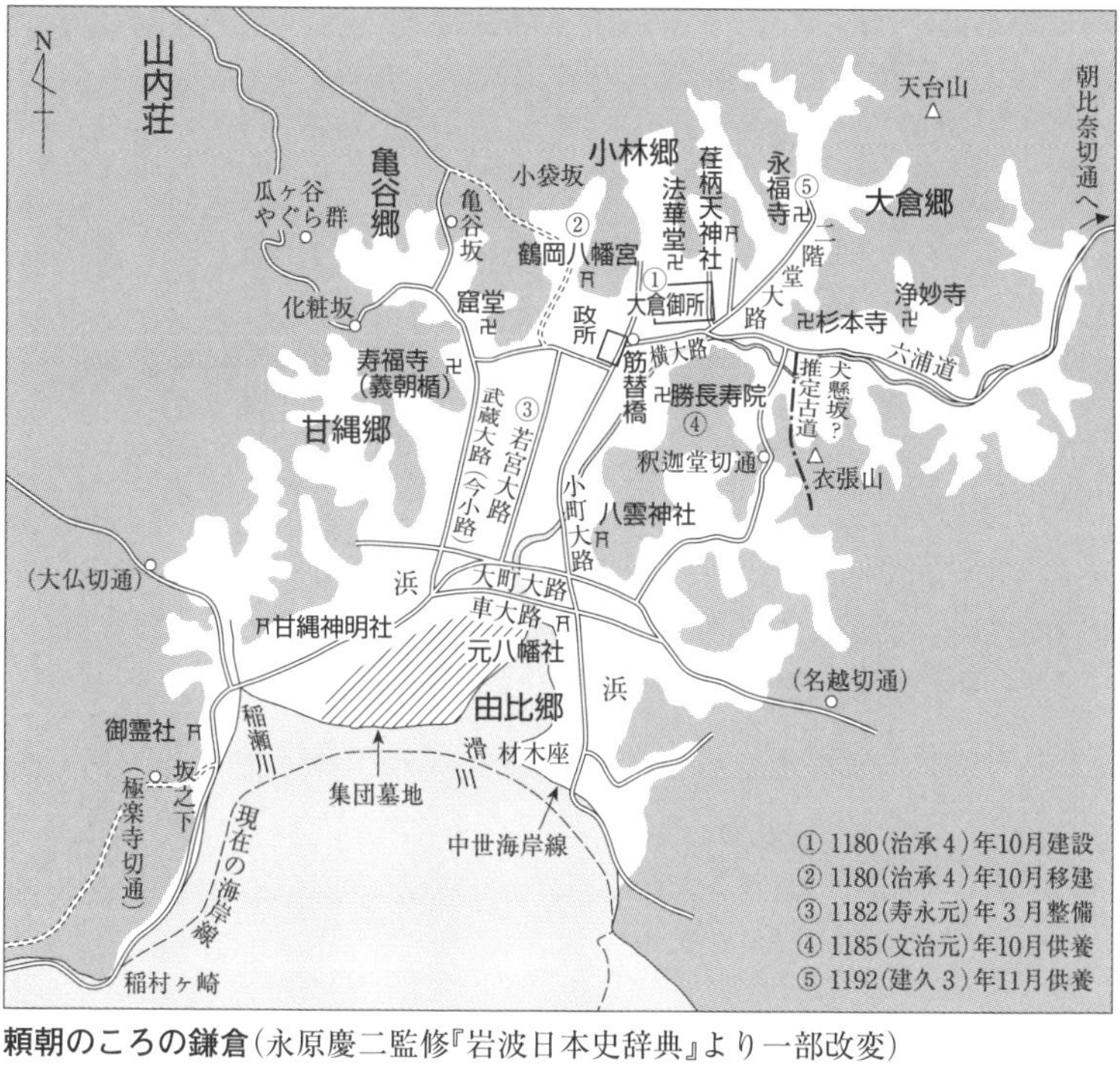

頼朝のころの鎌倉(永原慶二監修『岩波日本史辞典』より一部改変)

和田義盛坐像

ないが、数多くの東国武士が頼朝を中心にして鎌倉という空間を共有するようになったことの意味は大きい。御家人制という主従関係が都市鎌倉を生み出したのであり、そうした意味で鎌倉は武家《ぶけ》の都と呼ぶのにふさわしい。

『吾妻鏡』は十二月十二日の移徙以降、頼朝は「鎌倉の主」に推戴されたと記しているが、これはこの儀式のもつ以上のような象徴的意味を的確に表現しているといえよう。頼朝は「鎌倉の主」すなわち鎌倉殿として以後の人生をあゆんでいくことになる。

③—源平合戦

朝廷との交渉

挙兵以来、頼朝は以仁王《もちひとおう》の令旨《りょうじ》を掲げて、東国《とうごく》と京都との関係を一時的な断線状態におこうとした。それは具体的には東国武士たちに「京下《きょうくだり》の輩《ともがら》」の存在を否定させるという形をとったが、これによって「京下の輩」が東国から姿を消したわけではない。実は「京下の輩」は頼朝のもとに集められていたのである。

そもそも挙兵当初の頼朝陣営には「洛陽放遊《らくようほうゆう》の客《きゃく》」と呼ばれた大和判官代《やまとのほうがんだい》藤《ふじ》原　邦通《わらのくにみち》が参じており、頼朝の右筆《ゆうひつ》をつとめていた。「京都に馴れる者」伏見広《ふしみひろ》綱《つな》は甲斐源氏《かいげんじ》安田義定《やすだよしさだ》▲の推挙を受けて遠江国《とおとうみのくに》から鎌倉《かまくら》に参じており、父時忠《ときただ》との不和により上総《かずさ》に流され、上総広常《ひろつね》に庇護されていた平時家《たいらのときいえ》も、広常の推挙をえて頼朝に仕えている。また中納言《ちゅうなごん》源雅頼《まさより》に仕えていた斎院《さいいん》次官中原親《なかはらちか》能《よし》は、頼朝挙兵直後、平家《へいけ》の追捕を受けて逃亡していた。さきにふれたように彼は幼少期を東国ですごしたことから、頼朝と知りあいであることが疑われたのであった。おそらく頼朝のもとに逃げ込んだのであろう。同じくさきにふれ

▼**安田義定**　一一三四～九四年。甲斐源氏の武士(七ページ源氏略系図①参照)。源頼朝と提携しながらも、木曽義仲とともに上洛するなど独自の動きをみせる。のち謀叛の嫌疑により処刑される。

▼『**山槐記**』　故実家《こじつか》としても知られた公卿《くぎょう》中山忠親（一一三一〜九五年）の日記。治承・寿永内乱期の京都情勢に詳しい。

た中原久経《ひさつね》が頼朝に仕えるようになったのもこのころのことであろう。

こうした人びとが頼朝のもとに集められたのは、「京洛を愛す」といわれた頼朝の個性や、あるいはその実務能力が求められたためであろう。ただ、東国一般ないし東国武士たちが、ほかならぬ頼朝によって京都と断線状態におかれていたことを考えると、京都との人的つながりを独占的に確保しようとする頼朝の戦略的意図を読み取ることも可能だろう。頼朝は自身と京都との関係まで断ち切ろうとしていたのではないのである。

そのことは、挙兵に際して以仁王の令旨を掲げたことにもうかがうことができる。頼朝挙兵の知らせに接した中山忠親《なかやまただちか》が「義兵を挙ぐと云々」とその日記『山槐記《さんかいき》』▲に書きつけていることは、その意味で注目される。「云々」という伝聞情報であるから、これは忠親が頼朝の挙兵に共感したということではなく、それが単なる武力蜂起とは異なる、大義《たいぎ》を掲げた挙兵だという情報が京都に流れていたことを示している。ここでいう大義こそ以仁王の令旨であった。以仁王の令旨では平家を打倒し、平家に幽閉されていた後白河院《ごしらかわいん》を救出することが主張されていたから、それを掲げることはみずからの挙兵の意味をアピールする

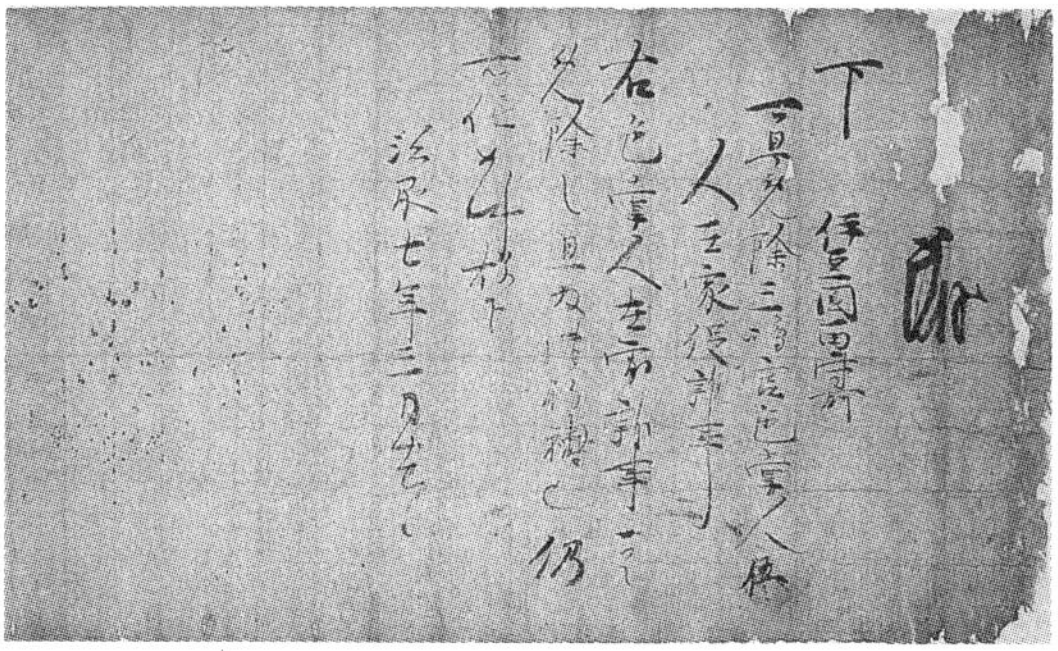

源頼朝袖判《そではん》下文（「三嶋《みしま》大社文書《もんじょ》」）　朝廷では「寿永」に改元されていたが、頼朝はなお「治承」年号を使い続けている。

ことでもあった。そのアピールは京都にも届いていたのである。

　すでに敗死した以仁王の令旨を掲げ続けることに多くの貴族《きぞく》たちは不快感を示したので、このアピールの効果のほどは不明であるが、間接的な形ではあれ、挙兵当初から頼朝が京都にメッセージを送っていたことはみのがせない。

　そして東国での基盤が固まると、より直接的な形で京都政界にメッセージを送るようになる。一一八一（養和《ようわ》元）年八月以前、頼朝は後白河院に密奏《みっそう》して、後白河に対する反逆の意思のないことを表明し、源氏・平家の両者を起用して、どちらが君命に忠実であるかためしてみてはどうかと提案しているのである。この一種の和平提案は平家によって一蹴されたが、ともかくも後白河院がこの密奏を受け入れ、平家に和平をもちかけたことは、頼朝のアピールが徐々に効果をあらわしはじめたことを意味している。

　これ以前の四月、常陸《ひたち》から上洛《じょうらく》した者があり、東国の動静を京都の人びとに伝えていた。それによると、関東諸国では頼朝に背く者は一人もおらず、頼朝は平清盛《きよもり》の死を聞くと雄叫びして、自分は後白河院に反逆するつもりは一切なく、院に敵対する者の討伐を意図しており、むしろ清盛こそ天罰を受けたのだと語ったという。後白河院に対する忠節の表明など、頼朝密奏と重なる部分もあり、あるいはこれは頼朝が意図的にしかけた情報戦略だったのかもしれない。

また、密奏の翌年、一一八二（寿永《じゅえい》元）年二月に、頼朝は伊勢《いせ》神宮に願文《がんもん》をおさめているが、そこでもみずからの挙兵が朝廷《ちょうてい》に対する謀反《むほん》ではないことを明らかにし、源氏・平家ともに信賞必罰で起用されることを祈願している。これまたさきの密奏とほぼ同内容であるが、ほかならぬ皇祖神《こうそじん》への願文であることを考えれば、後白河院や朝廷の人びとに読まれることを意図したアピールでもあった。

一一八一年七月に朝廷は治承《じしょう》から養和に年号を改めた。さらに翌年五月には寿永に改元している。しかし頼朝はこれらの改元に従わず、治承年号を使い続けている（前ページ写真参照）。これは平家に擁立された安徳《あんとく》天皇▲による支配は認めないという頼朝の意思表明であり、頼朝支配下の東国では京都の朝廷とは異なる時間がきざまれていたことになる。京都と東国が断線状態にあったことを象徴する事態であるが、その一方で右のような政治交渉やメッセージが陰に陽に積み重ねられていたことにも、頼朝の意図を認めなければならない。

▼**安徳天皇**　一一七八〜八五年。高倉《たかくら》天皇皇子。母は平清盛娘の徳子《とくこ》。平清盛による治承三年政変後の一一八〇（治承四）年二月に践祚。平家の都《みやこ》落ちに同道させられ、壇ノ浦の敗戦で入水《じゅすい》。

木曽義仲と頼朝

平家打倒に立ち上がったのは頼朝だけではなかった。頼朝周辺に限ってみても、武田信義《たけだのぶよし》・安田義定らの甲斐源氏や木曽義仲《きそよしなか》も挙兵していた。一方、越後《えちご》の城資長《じょうすけなが》・資職《すけもと》（長茂《ながもち》）や奥州平泉《おうしゅうひらいずみ》の藤原秀衡《ひでひら》▲は平家と結び、頼朝や武田信義追討宣旨《せんじ》を受けて、これらに対峙していた。

甲斐源氏は独自の立場を維持しながらも、早くから頼朝と同盟関係にあったらしい。城氏は、一一八一（養和元）年六月に信濃横田河原《しなのよこたがわら》（現、長野県長野市）の合戦で木曽義仲に敗れて以来、阿賀野川《あがのがわ》の北に逼塞《ひっそく》してしまう。藤原秀衡はつねに頼朝たちの背後をおびやかし続けたが、結局奥州から動くことはなかった。頼朝とならんで、もっとも積極的な軍事活動を展開したのは木曽義仲であった。

木曽義仲は源義朝《よしとも》の弟義賢《よしかた》の子で、一一五四（久寿元《きゅうじゅ》）年の生まれ。頼朝にとっては従弟にあたるが、二人の仲はけっして良好なものではなかった。そもそも義朝と義賢は東国における勢力争いで衝突、一一五五（久寿二）年に義賢は義朝の子義平《よしひら》に大蔵館《おおくらのたち》（現、埼玉県嵐山町《らんざん》）を攻められて殺害されていた。義仲は乳母夫《めのと》中原兼遠《かねとお》に助けられて、かろうじて信濃国木曽に逃れたのであった。

▼**藤原秀衡**　?～一一八七年。奥州藤原氏第三代。奥州藤原氏の最盛期を築く。平家から頼朝攻撃を期待されて、一一八一（養和元）年陸奥守に任じられるが、攻勢にでることはなかった。源義経を二度にわたって保護した。

木曽義仲像

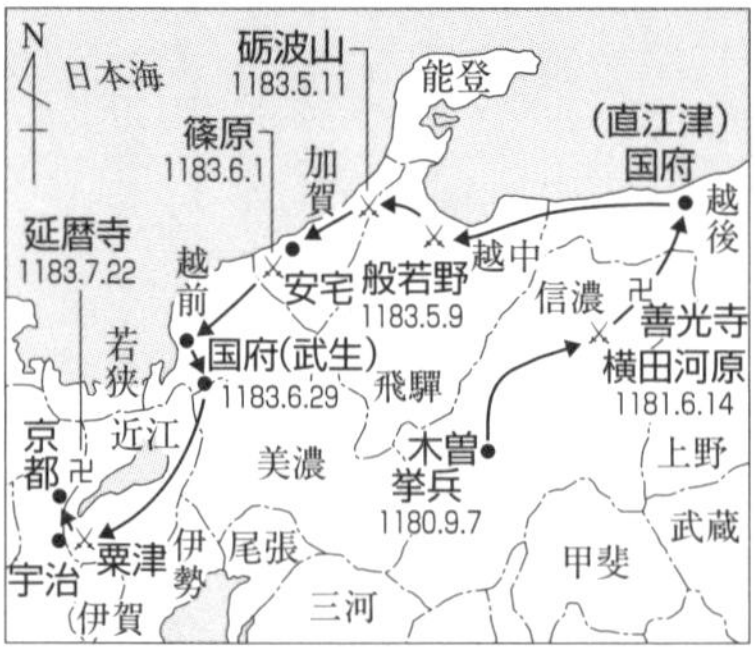

木曽義仲の進撃図

頼朝とほぼ同時期に挙兵した義仲は、まず父の根拠地でもあった上野国《こうずけのくに》に進出しようとしたが、上野には頼朝の勢力も伸びていたため、対立を避けて信濃に戻っている。父親どうし以来の衝突はいったん回避されたのである。その後、越後城氏を横田河原で撃退すると、北上して越後に進み、さらに北陸方面への進出をうかがっていた。こののち、折からの大飢饉《だいききん》の影響により、全国的に戦線は膠着《こうちゃく》状態に陥るが、それを打ち破ったのは義仲であった。

一一八三(寿永二)年四月、平家が北陸道《ほくりくどう》に大規模な追討軍を派遣したのをきっかけに、情勢は一気に動きだす。越中《えっちゅう》国砺波山《となみやま》(現、富山県小矢部《おやべ》市)でこれを撃破した木曽義仲は北陸道をかけのぼり、甲斐源氏の安田義定や源行家《ゆきいえ》、美《み》濃《の》源氏や近江《おうみ》源氏など京都周辺の武士団を糾合して、逆に京都を占拠するにいたったのである。これに先立つ七月二十五日、平家は安徳天皇と三種の神器《じんき》をともなって西国《さいごく》に脱出していた。

積極的な軍事活動を展開し上洛一番乗りを果たした義仲に比べると、この間一兵も動かすことのなかった頼朝は出遅れた観があるが、現実はそうではなかった。七月三十日に後白河院の御所《ごしょ》で論功行賞の会議が行われたが、そこでは

▼九条兼実　一一四九～一二〇七年。摂関家《せっかんけ》九条家の祖。源頼朝の信頼を受け、一一八六（文治二）年その後援をえて摂政《せっしょう》に就任する。日記『玉葉』の記主。

都落ちする平家一門（『春日権現験《かすがごんげんげん》記絵《きえ》』）

義仲らをさしおいて、頼朝の功績が第一とされたのである（結局、このときの頼朝への賞は見送られた）。また、義仲軍が入京した七月二十八日には後白河院の使者が鎌倉に向けて出発しているが、これも後白河院が頼朝を第一の交渉相手とみなしていたことを示している。一見奇異な印象を受けるが、これらは、さきにみたように、挙兵以来頼朝が積み重ねてきた朝廷とのさまざまな政治交渉が功を奏したものであろう。それに対して義仲は、それまで京都ではほとんど無名の存在にすぎなかった。

もちろん義仲はこうした動きに反発し、後白河院と鋭く対立したが、これも頼朝にとっては有利に働いた。京都周辺における義仲軍の乱暴狼藉もあいまって、義仲にかわって頼朝の上洛を望む声が急速に広まっていったのである。この間、京都では何度も頼朝の上洛が取り沙汰されているが、これはそうした期待の表れとみることができよう。また、鎌倉に下向《げこう》してきた院の使者に託して、九月末に頼朝が寺社や貴族たちの荘園の復興や平家郎従《ろうじゅう》に対する寛大な処分などを奏上《そうじょう》したことも、彼の評価を高めることになった。それまでは頼朝にも懐疑の目を向けていた貴族九条兼実《くじょうかねざね》▲も、この奏上に接して「頼朝のいうことは義仲とはまったく異なっている」として、その評価を一変させている。一方の義仲は安徳天皇後の皇位継承問題にも介入し、さらに貴族たちの反感を買っていた。頼朝は、上洛一番乗りをとげた義仲をいわば反面教師にして、みずからの高評価を引きだしていたのである。

寿永二年十月宣旨

義仲が厄介《やっかい》払いされるような形で西国の平氏追討に出撃中の十月九日、頼朝は伊豆配流《いずはいる》以前の従五位下《じゅごいのげ》に復せられて、ついに正式に朝廷への復帰を果たす。平治《へいじ》の乱《らん》に敗れ解官《げかん》されて以来、実に二三年ぶりのことであった。

ただ、頼朝の復帰の仕方が問題であった。貴族たちは、頼朝は復帰とともに上洛して貴族社会に参加してくると考えていたようである。それは当時の武士のあり方としては当然のことで、朝廷としても平家にかわる存在として頼朝が上洛してくることを期待していたのである。七月二十八日に鎌倉に派遣された後白河院の使者の目的も、頼朝に上洛をうながすことにあったのであろう。

挙兵当初、少なくとも富士川《ふじがわ》の合戦《かっせん》までの頼朝であれば、そうした朝廷の要請にすぐ応えていたかもしれない。しかし、東国における内乱のなかで頼朝は「鎌倉殿《どの》」という立場を身につけていた。頼朝にとってすでに自身の上洛は二の次であり、朝廷への復帰に際して鎌倉殿という立場をいかに位置づけるかということこそが問題であった。鎌倉に派遣された院の使者が帰京するまでに二カ月近くかかっているのは、この点について交渉が重ねられたことを示していよう。そして彼が持ち帰った頼朝の奏上には、この問題に関する頼朝側の提案がこめられていた。

院の使者の帰京から約半月たった十月十四日、頼朝の奏上に応じて宣旨《せんじ》が発布されている。それは、東海道《とうかいどう》・東山道《とうさんどう》の荘園《しょうえん》・国衙《こくが》領における本来の領主支配の復活を宣言するとともに、それに従わない者の追討を頼朝に命じるものであった。研究史上、寿永二(一一八三)年十月宣旨と呼ばれるこの宣旨は、頼朝の朝廷への復帰に際して、鎌倉殿という地位・立場をどのようなものとして位置づけるかについての朝廷側の回答でもあった。

朝廷への復帰以前、すなわち謀反人段階の頼朝は、実力による東国支配を進めつつ、東国と京都を断線状態におき、唯一みずからを京都との政治的回路としようとしていた。しかし、朝廷への復帰にあたっては東国と京都の断線状態は復旧されなければならなかった。それは頼朝も認めざるをえないところであり、寿永二年十月宣旨が謳《うた》う東国における荘園や国衙領の復興がそれにあたる。東国と京都とはふたたびさまざまなチャンネルによって結ばれるわけで、内乱以前の状態に回帰することになる。ただ、それは単なる回帰ではなかった。

すなわち、寿永二年十月宣旨では頼朝が荘園・国衙領の領主支配（具体的には年貢《ねんぐ》の収取）を最終的に保障することになっているが、「追討」という言葉に示されているように、それは東国に対する頼朝の実効支配を前提とするものであった。これは、内乱のなかで築き上げられてきた東国における鎌倉殿という立場を朝廷が認めた結果である。

寿永二年十月宣旨発布に際しては、当初の頼朝提案には北陸道も含まれていたにもかかわらず、義仲の抗議によって削除されるという経緯があった。そうした意味では頼朝の主張は後退させられたことになるが、東海道・東山道の全域に頼朝の実効支配がおよんでいたわけでもなかった。そもそもこの宣旨で認められた頼朝の地位・権限は前代未聞のものであり、その後の運用によって具体的に形づくられていったとみるべきであろう。領域の問題についていえば、こののち、頼朝は義仲を滅ぼして北陸道を接収し、甲斐源氏も屈服させて、彼らがおさえていた駿河《するが》・遠江《とおとうみ》を手にいれている。さらには奥州藤原氏も攻め滅ぼして陸奥《むつ》・出羽《でわ》も支配下におさめて、東海・東山・北陸三道にわたる支配を実質化してしまうのである。

また、一連の交渉の過程で朝廷の側から大きな異論がだされた形跡がないことにも注目したい。さきの奏上では、気むずかしい九条兼実でさえ頼朝の評価を改めるにいたったほどである。彼らにとっては東国との断線状態が解消されること(それによって東国からの年貢が確保されること)が最優先課題だったのであり、そのための手段はあまり問題にされなかったようである。こうしたあり方が許容された点に、古代以来の東国の特性が影響しているように思われる。

上総広常の死

一一八三(寿永二)年は木曽義仲の上洛を契機に政治情勢が大きく動いた年であったが、それは頼朝と東国武士たちとの関係にも微妙な影響をあたえることになった。

挙兵当初、頼朝に敵対した東国武士が少なくなかったことはさきにみたとおりであるが、彼らの多くはのちに頼朝に帰順している。捕虜となった武士たちもさまざまな機会をとらえては罪を赦《ゆる》され御家人に列している。さすがに石橋《いしばし》山《やま》の合戦で執拗に攻め立てられた大庭《おおば》景親《かげちか》は頼朝も赦せなかったらしく、降伏後すぐに処刑しているが、このようにして処分された者は一〇分の一程度にすぎなかったという。味方をふやしていくことこそが当面の課題だったのである。

ところが、一一八三年には注目すべき事件が二つ起こっている。その一つが二月に発生した、頼朝の叔父志田《しだ》義広《よしひろ》の謀叛事件である。義広は鎌倉を襲おうとして、本拠地の常陸国信太荘(現、茨城県土浦《つちうら》市・つくば市など)から下野《しもつけ》国野《の》木《ぎ》宮《みや》(現、栃木県野木町)に進出するが、小山《おやま》朝政《ともまさ》らに敗れ、木曽義仲のもとに逃げ込んだ。義広は義仲と共謀して頼朝を討とうとしていたのである。これを機にふたたび頼朝と義仲のあいだに緊張が走るが、このときも義仲のほうがおれて、息子義高《よしたか》を人質として頼朝に差し出すことで和解している。ただ義仲の存在は頼朝と東国武士団との関係を攪乱する危険を孕んでいたのであり、頼朝にとってはいずれ対決しなければならない相手であった。

もう一つの事件は上総広常が誅殺されたことである。『吾妻鏡《あずまかがみ》』によると、広常は謀叛の嫌疑をかけられて殺害されたものの、ほどなくそれは冤罪《えんざい》であったことが判明したといい、いま一つ判然としない事件である。殺害されたのも、一一八三年の冬であることしかわからない。だが、それは寿永二年十月宣旨のあとの事件であることはまちがいない。さきにみたように、頼朝や東国武士たちにとって寿永二年十月宣旨は大きな転機だったわけであるが、それが広常殺害の原因になった可能性がある。寿永二年十月宣旨は必ずしも東国武士たちのすべてにとって歓迎されるものではなかったのかもしれない。

また寿永二年十月宣旨が、頼朝と義仲の対決を決定的にしたこともみのがせない。宣旨に怒った義仲は十一月十九日に後白河院の法住寺殿《ほうじゅうじどの》を襲撃し、軍事クーデターを敢行してしまう。後白河院から救援要請を受けた頼朝は、ついに義仲を討つことを決意する。これ以前、頼朝は宣旨の執行という名目で弟義《よし》経《つね》▲と中原親能らを派遣して伊勢・近江の辺りで京都のようすをうかがわせていたが、後白河院からの救援要請を受けると、もう一人の弟範頼《のりより》▲を大将とする軍

▼**源義経**　一一五九〜八九年。源義朝の子。頼朝の異母弟(七ページ源氏略系図②参照)。奥州平泉の藤原秀衡に保護されていたが、一一八〇(治承四)年富士川の合戦直後に頼朝のもとに参陣。平家追討戦で大活躍するが、頼朝と不和になり、挙兵するも失敗。ふたたび秀衡を頼って奥州に赴くが、秀衡の子泰衡《やすひら》に攻められ自害。

▼**源範頼**　生没年不詳。源義朝の子。頼朝の異母弟(七ページ源氏略系図②参照)。頼朝のもとに参じた時期は不明だが、木曽義仲や平家追討戦に活躍。一一九三(建久《けんきゅう》四)年謀叛の嫌疑により伊豆に流された。

勢を鎌倉から差し向けたのであった。広常が殺害されたのはまさにそのタイミングである。

似たような状況はこれ以前にもあった。富士川の合戦の直後のことである。このとき、頼朝は勝利の勢いに乗って東国武士とともに京都に攻めのぼろうとしていた。それを思いとどまらせた張本人が上総広常であった。もちろん、それは多くの東国武士の声を代弁するものであった。京都まで遠征にでかけることは必ずしも彼らの欲するところではなかったのである。このときは頼朝も広常らの制止に従わざるをえなかった。

今回の義仲追討も東国武士たちにとってはあまり気乗りのすることではなかったと思われるが、頼朝はそうした声を押し切って源範頼軍を上洛させたことになる。とするならば、そうした声を封殺するために広常は殺害されたとみることができよう。

上総広常は頼朝にとっては大きな存在であった。彼の参向があればこそ、房《ぼう》総《そう》半島で奇跡の復活をとげられたのであり、佐竹攻めをはじめ、その後の頼朝の進路を決定づけていたのも広常であった。その広常を斬って軍勢を京都に進めたことは、頼朝と鎌倉幕府にとって大きな転機であった。それは頼朝と東国武士との関係が微妙に変化しつつあったことを示している。

平家滅亡

源範頼と義経は二手に分かれて京都をめざし、一一八四(元暦《げんりゃく》元)年正月二十日に義仲を破って入京する。すると、ただちに頼朝に平家追討宣旨がくだり、範頼・義経の両人はあわただしくも月末には西国に出撃していく。実は平家軍が摂津《せっつ》国福原《ふくはら》(現、兵庫県神戸《こうべ》市)まで迫っていたのである。

いったんは九州大宰府《だざいふ》まで落ち延びていた平家であるが、ほどなく勢力を回復、数万騎の軍勢で福原まで進出し、京都奪還をうかがっていたのであった。

範頼・義経の二人は今度も二手に分かれて、範頼は東の生田《いくた》から、義経は丹波《たんば》・播磨《はりま》を迂回して西の一《いち》の谷《たに》から、それぞれ福原を挟撃した。いわゆる一の谷の合戦である。鵯越《ひよどりご》えの奇襲「逆落《さかお》とし」や「敦盛《あつもり》の最期」などさまざまなエピソードに彩られた戦いであったが、源氏軍の攻撃を支えきれずに平家軍は海上に逃れ、讃岐《さぬき》国屋島《やしま》(現、香川県高松《たかまつ》市)へと退却していく。

この戦いで平家は数多くの一門《いちもん》を失い、さらに大将格の平重衡《しげひら》▲が生け捕りになるなど致命的な打撃をこうむっての敗走であった。しかし、範頼・義経らは追撃しなかった。追撃することができなかった、というべきであろう。

海上に逃げられたことも、追撃を断念せざるをえなかった理由であるが、それ以上に兵力に問題があったようである。上総広常の死という大きな犠牲を払って上洛させた源範頼軍であったが、実はそれほど多くの東国武士を引き連れていたわけではなかった。『吾妻鏡』は福原攻撃に向かった範頼軍を五万六〇〇〇余騎、義経軍を二万余騎とするが、『玉葉《ぎょくよう》』の伝える「官軍わずかに二、三千騎」「一、二千騎を過ぎず」のほうがより実態に近いと考えられる。

むしろ、それまで義仲に与同していた京都周辺の武士たちを糾合することで兵力を整えていたようである。福原への出撃に際して、摂津国の武士たちに合流を呼びかけた義経の文書も知られている。また、鵯越えの奇襲をかけて平家を敗走に追い込んだのも、義経ではなく、実は多田行綱《ただゆきつな》▲であったことが最近の研究で指摘されている。行綱は摂津国多田荘（現、兵庫県川西市《かわにし》）を本拠地とする多田源氏の当主で、一の谷の合戦以前は平家、そして木曽義仲に従っていた。

▼**平重衡**　一一五七～八五年。平清盛の子。治承・寿永内乱では平家軍の武将として各地を転戦。南都《なんと》を焼討ちしたため、一の谷の合戦で捕えられると、南都の衆徒《しゅと》に引き渡され、処刑された。

▼**多田行綱**　生没年不詳。摂津源氏の武士（七ページ源氏略系図①参照）。平家・木曽義仲・源義経ら、京都を掌握した勢力と離合を繰り返すが、一一八五（文治元）年頼朝により処分された。

▼**後鳥羽天皇**　一一八〇～一二三九年。高倉天皇皇子。異母兄安徳天皇が平家都落ちに同道したあとを受け、三種の神器を欠いたまま一一八三（寿永二）年践祚。一一九八（建久九）年から院政《いんせい》を行う。

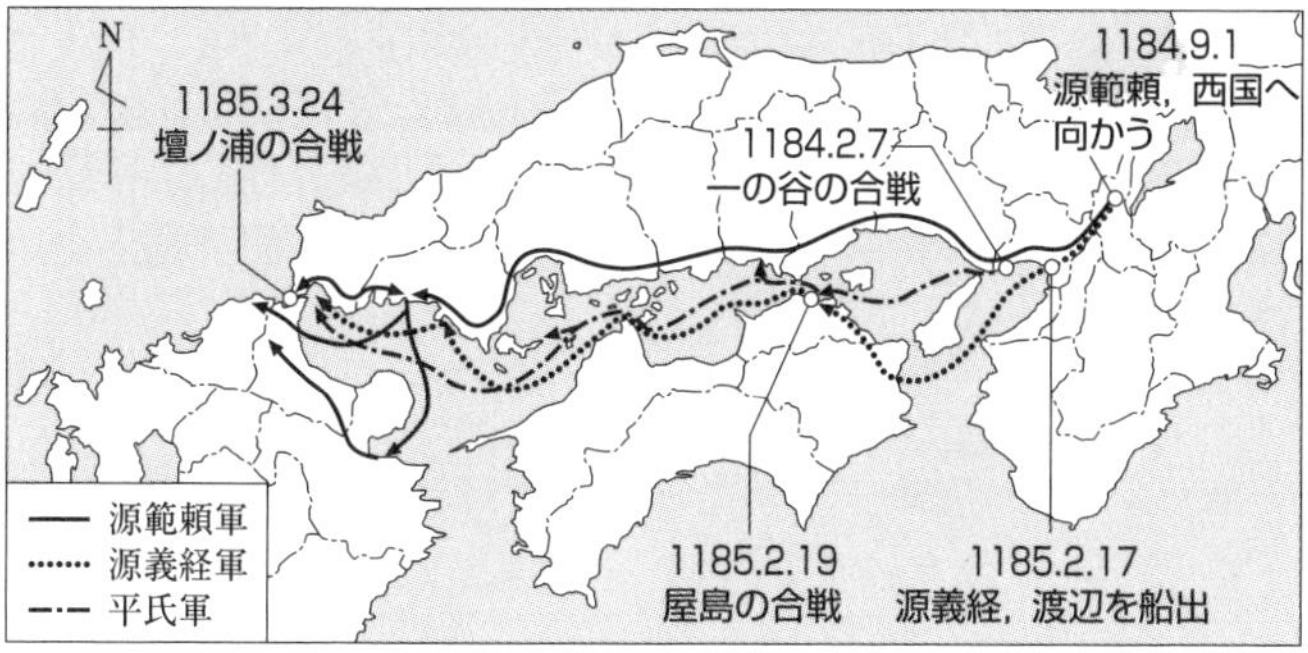

源平の争乱関係図　一の谷の合戦から壇ノ浦の合戦まで。

こうした、それまでは平家を支えてきた京都周辺の武士たちを味方につけて、平家を福原から追い払ったというのが一の谷の合戦の実態であり、範頼・義経はとてもそれ以上の作戦を展開することはできなかったのである。

こののち、梶原景時《かじわらかげとき》・土肥実平《どひさねひら》らは山陽方面に進駐するが、義経は京都にとどまり周辺の治安維持にあたり、範頼らは鎌倉に帰還し、平家追討体制を整えなおすことになる。

範頼がふたたび鎌倉を出撃するのは八月のことであった。頼朝が範頼にあたえた任務は、山陽道《さんようどう》を進み九州に渡り、瀬戸内海の制海権を掌握して平家包囲網を狭めていくというものであった。三種の神器と安徳天皇（すでに前年の八月に京都では安徳にかわって後鳥羽《ごとば》天皇が▲践祚《せんそ》していた）が平家の手に握られていたので、その奪還が最優先課題とされた。

鎌倉から範頼に従軍した東国武士は、千葉常胤《ちばつねたね》や小山朝政ら一〇〇〇騎。京都や山陽方面に進駐していた武士たちも合流したであろうし、今回は頼朝も伊豆から兵糧米《ひょうろうまい》を回漕するなど後方支援もおこたっていないが、やはり遠征先の武士たちの協力は不可欠であった。頼朝も、範頼に対して「国の者たちに憎まれてはいけない」「国の者たちを大切にせよ」などと事細かに指示を送ったり、九州の武士に従軍を呼びかける下文《くだしぶみ》を発したりしている。それでも作戦は順調には進まず、範頼軍は関門《かんもん》海峡を越えられぬまま年を越してしまう。

遠征中の東国武士のあいだでは厭戦《えんせん》気分が高まり、侍所別当《さむらいどころべっとう》として御家人《ごけにん》たちを束ねる立場にあるはずの和田義盛《わだよしもり》でさえ帰国を切望するありさまであった。頼朝もおもだった武士たちにそれぞれ懇切な書状を書き送ってなだめすかすのが精一杯であった。東国武士たちを長期の遠征に動員することのむずかしさがわかる。

結局、それまで京都で治安維持にあたっていた源義経が急遽出撃することによって、戦局は大きく動き出す。一一八五(文治《ぶんじ》元)年二月、義経の奇襲により屋島が陥落。さらに翌三月二十四日には、ようやく九州に上陸していた範頼軍も連携して、長門《ながと》国壇《だん》ノ浦《うら》の合戦《かっせん》で平家を攻め滅ぼしてしまう。

三種の神器のうち宝剣は回収できず、また安徳天皇の身柄の確保にも失敗したことは、追討使としての職責を損なうものではあったが、朝廷がそのことをことさらに問責することはなかった。頼朝にとっても、結局のところ追討使としての職責云々は二の次であり、平家を滅ぼすことが重要であった。

頼朝は、さきに捕虜としていた平重衡と、壇ノ浦で捕えた平宗盛《むねもり》▲をあいついで鎌倉に連行させている。彼らは追討宣旨を受けた謀反人であるから、朝廷により処分されるべき存在であったにもかかわらず、それに先んじて彼らの身柄を申し請けている点に、頼朝の執念が読みとれる。「平家に対して恨みをいだいているわけではなく、後白河院の命令により追討使を派遣したまでのこと」と頼朝は宗盛に語っているが、真相はその逆であろう。頼朝にとっての平家追討戦は、平治の乱の敗戦から四半世紀をかけた壮大な復讐だったのである。

そのような頼朝の思いと対照的なのが、壇ノ浦の合戦後の東国武士たちの行動である。範頼は九州に駐留して戦後処理を命じられていたのであるが、配下の武士たちは続々と帰国してしまい、頼朝が制止命令をだすほどであった。平家追討戦にかけた頼朝の思いは、必ずしも東国武士たちには共有されていなかったのである。

▼**平宗盛**　一一四七〜八五年。平清盛の子。清盛没後、平家一門の総帥として治承・寿永の内乱を戦う。壇ノ浦の合戦で捕虜となり、鎌倉に連行後、近江国篠原《しのはら》で処刑された。

④—東国の大将軍

御家人統制と義経

必ずしも積極的ではなかったとはいえ、東国《とうごく》武士たちは遠征軍としてふたたび京都の土を踏むことになった。すでに寿永《じゅえい》二(一一八三)年十月宣旨《せんじ》により東国と京都の断線状態が復旧されていた。大江広元《おおえのひろもと》▲や三善康信《みよしやすのぶ》といった下級官人《かんじん》たちが続々と鎌倉にくだって幕府《ばくふ》に仕えるようになるが、それとは逆に東国武士たちも京都にのぼったり、朝廷《ちょうてい》や貴族《きぞく》、寺社などと連絡を取りあうようになったりしたであろう。東国と京都との多様な交流が再開したのである。

こうした社会の流れを頼朝自身がとめるわけにはいかなかったが、ある種の懸念をいだいていたことはまちがいない。とくに、京都との関係が麻痺状態におかれたなかで築き上げられた密接な主従関係—御家人制《ごけにんせい》—が、これによって弱体化することは避けなければならなかった。そこで、頼朝は御家人たちに頼朝の許可なく朝廷の官職に任じられることを禁じたのである。官職は朝廷と武士とをつなぐ紐帯《ちゅうたい》であるが、それが自由に張りめぐらされることによって幕府

▼**大江広元**　一一四八～一二二五年。朝廷で外記をつとめたのち、招かれて、一一八四(元暦元)年鎌倉に下向。政所別当《まんどころべっとう》などをつとめ、草創期の幕府を支えた。

と御家人たちとの結びつきが弱められることを防止しようとしたのである。

しかし、これは当時の武士たちにとっては意外な措置であった。これまで、主人により官職に推挙されることはあっても、主人によって任官を禁じられるなど考えられなかったことであろう。当時の武士たちには、主従関係を結ぶことと朝廷の官職につくことはまったく別のことであり、両者は排除しあうものとは考えられていなかったと思われる。

そうした状況のなかで、頼朝はあえて朝廷との関係より主従関係を優先させるべきことを御家人たちに強いたのであるが、やはり無理はできなかった。そこで頼朝は「朝廷の官職に任じられた御家人は、京都での奉公《ほうこう》を優先させるべきであるから、勝手に東国に帰ってきてはならない」と命じることになる。官職の論理を逆手にとって、東国帰還を禁止するという方法で御家人たちの任官に規制を加えようとしたのである。

平家《へいけ》滅亡後の一一八五(文治《ぶんじ》元)年四月十五日、任官していた東国御家人に対して頼朝は右の趣旨の帰国禁止令を発するとともに、彼らの名前を書き上げて、それぞれに激烈な批判を加えている。それは「目は鼠《ねずみ》のようで、任官とは驚いた」とか「しわがれ声でみっともない」など、およそ任官とは無縁な悪罵《あくば》に満ちている。「京都の奉公を優先しなければならない」というのはあくまでも建て前であり、御家人たちが官職を通じて朝廷と結びつくことをいかに頼朝がきらっていたかを暗に、それでいて痛烈に御家人たちに示したのである。

これに関して注目すべき大物が二人いる。

大江広元は朝廷で外記《げき》をつとめあげ五位に叙されていた官人であった。兄弟にあたる中原親能《なかはらちかよし》が早くから頼朝に仕えていたこともあり、寿永二年十月宣旨がだされてほどなく、招かれて鎌倉《かまくら》に下向《げこう》し、頼朝に仕えるようになった。その後は頼朝最有力の側近として、草創期の鎌倉幕府を支え続けた。

広元は頼朝にかわって上洛《じょうらく》して朝廷との交渉にあたることもしばしばであったが、その最中の一一九一(建久《けんきゅう》二)年四月に、頼朝の許可なく、明法博士《みょうぼうはかせ》・左衛門大尉《さえもんのだいじょう》・検非違使《けびいし》▲に任じられてしまったのである。

大江広元はもともと朝廷に仕える官人であったから、東国御家人たちとは同列には論じられないはずであるが、これについても頼朝は「幕府に仕える人間としてふさわしくない」と不快感を示し、広元に辞職させている。御家人たち

▼**検非違使**　京中の警察・司法を担当した職。衛門府《えもんふ》の官人から選抜され、実動部隊である武士とならんで、紀伝道《きでんどう》や明法道の専門家である中原氏や坂上氏からも多く任じられた。

▼一条忠頼　?〜一一八四年。甲斐《かい》源氏《げんじ》の武士(七ページ源氏略系図①参照)。挙兵当時の甲斐源氏一門においては惣領《そうりょう》的立場にあった。木曽義仲追討・一の谷の合戦にも従軍するが、その後、頼朝に粛清された。

源義経像

に罵声をあびせかけてから六年が経過していたが、任官規制は緩和されるどころか、より厳しくなっていることがうかがわれる。頼朝の信任厚い広元でさえ処分されたことが御家人たちにあたえた影響は少なくなかったであろう。

　大江広元の処分からさかのぼること七年、すなわち頼朝が御家人たちを痛罵《つうば》した少し前に、同じように許可なく任官していたのが源義経《よしつね》であった。一《いち》の谷《たに》の合戦《かっせん》後、彼は京都にとどまり周辺の治安維持にあたっていたが、その最中の一一八四(元暦《げんりゃく》元)年八月、左衛門少尉・検非違使に任じられたのである。

　折から頼朝は源氏《げんじ》一門に対する圧力を強めはじめていた。その四月には、木《き》曽《そ》義仲《よしなか》の遺児で、頼朝の長女大姫《おおひめ》の婿と定めていた義高《よしたか》を殺害している。さらに六月には、甲斐《かい》源氏の一条忠頼《いちじょうただより》▲を「威勢をふるい、世を乱そうとしている」という理由で粛清《しゅくせい》してしまっている。そうしたなかでの義経の任官問題である。平家追討を優先した結果、義経の処分は見送られたと考えられるが、この問題が頼朝と義経の不和の原因の一つになったことはまちがいない。ほかならぬ一《いち》門《もん》の問題であるだけに、広元のような処分ですむはずもなかった。

　案の定、平家滅亡後、二人の不和は表面化する。一一八五年五月、義経は平宗盛《むねもり》らを連行して鎌倉に下向するが、義経のみ鎌倉入りを許されず、京都に追い返されてしまう。こののちも頼朝との対立を深めた義経は、ついに十月、後《ご》白河院《しらかわいん》に迫って頼朝追討宣旨を獲得、京都で反頼朝の兵をあげることになる。

挙兵そのものはあっけなく失敗し、義経たちは没落したため、大きな戦闘は起こらなかったが、それは頼朝と鎌倉幕府に思わぬ「贈り物」をあたえることになった。すなわち、義経捜索を名目に守護《しゅご》・地頭《じとう》▲設置を朝廷に認めさせるとともに、没落した義経をかくまった奥州藤原《おうしゅうふじわら》氏を攻める口実をえたのである。

文治勅許と地頭制度

義経挙兵の報に接したとき、頼朝は三〇〇〇人近くの御家人を鎌倉に集めて勝長寿院《しょうちょうじゅいん》▲の開堂供養《くよう》を行っていた。供養をおえると、頼朝は彼らを率いてみずから出陣する。黄瀬河《きせがわ》まで進んだところで、義経没落の報告が届いたため、頼朝自身は鎌倉に帰還するが、代官《だいかん》として一〇〇〇騎の軍勢をつけて北条時《ほうじょうとき》政《まさ》を上洛させて威嚇しつつ、頼朝追討宣旨をくだした責任を後白河院に追及する。「追討宣旨は院の真意によるものではない」と陳弁する後白河側に対して、

▼**守護・地頭**　守護は諸国の軍事・警察を職掌として国ごとにおかれた。地頭は治安維持を名目に荘園・国衙領ごとにおかれ、いずれも御家人が任じられた。地頭は御家人に対する恩賞でもあり、その設置範囲は謀叛人所在跡に限定された。

▼**勝長寿院**　父義朝《よしとも》追善のため、源頼朝が鎌倉雪《ゆき》ノ下《した》に創建した寺院。鎌倉幕府の滅亡後、廃絶。

頼朝は「そのようにして諸国や人びとを混乱におとしいれるあなたこそ、日本一の大天狗《おおてんぐ》▲にほかならない」と厳しく詰めよったのは有名な話である。

こうした交渉の結果、朝廷から引きだされたのがいわゆる文治勅許《ちょっきょ》である。すなわち、義経捜索を名目に諸国に守護を、そして各地の荘園《しょうえん》・国衙《こくが》領ごとに地頭を設置する権限などが頼朝に認められたのである。守護・地頭制は、御家人制とならぶ鎌倉幕府の重要な存立基盤であるから、文治勅許を獲得した意義は高く評価されている。

しかし、地頭については、文治勅許によって朝廷から権限を認められる以前から、頼朝は御家人たちを各地の地頭に任命していたことが知られている。実は頼朝は挙兵当初から、敵対した人間の所領《しょりょう》を没収し、それを功績のある味方の武士たちに恩賞《おんしょう》として分けあたえていたのである。その名称は当初はさまざまであったが、やがて地頭という呼び方に統一されていった。恩賞として地頭という名目で所領が授受されることは、東国ではすでに文治勅許以前から頼朝と御家人たちのあいだでは行われていたことなのである。

さらに近年の研究では、こうした地頭の授受には、御家人たちが戦闘を進め

▼**日本一の大天狗**　源義経に頼朝追討宣旨がくだされたことを、頼朝が非難した言葉。大天狗として非難されているのを、後白河院とみる説と、院の近臣《きんしん》高階泰経《やすつね》とみる説がある。

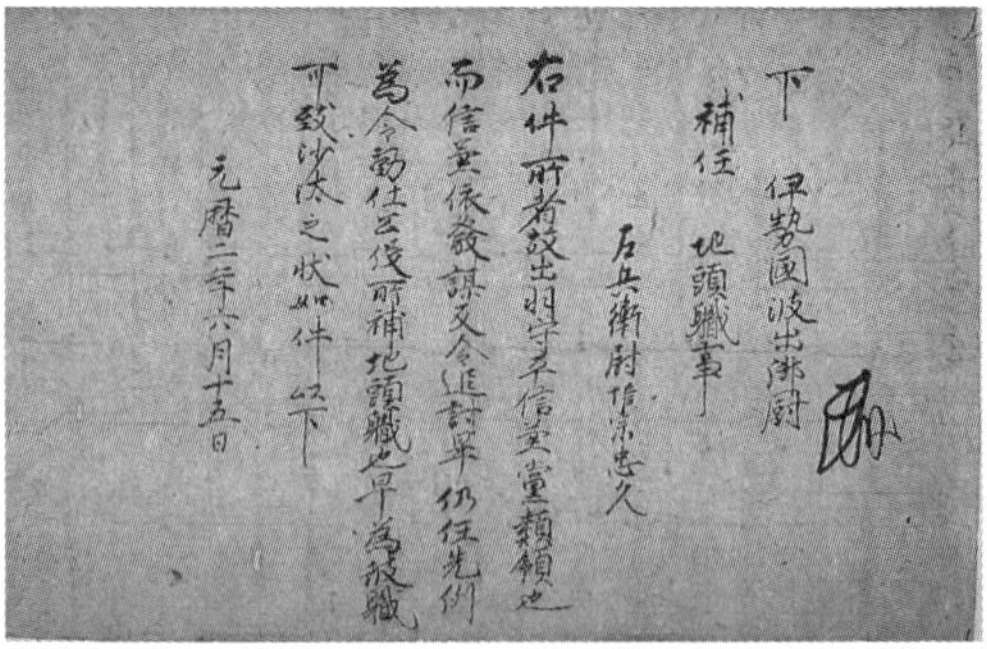
下　伊勢國波出御厨
補任　地頭職事
　　左兵衛尉惟宗忠久
右件所者、故出羽守平信兼党類領也、
而信兼依発謀反、令追討畢、仍任先例、
為令勤仕公役、所補地頭職也、早為彼職、
可致沙汰之状如件、以下
　　元暦二年六月十五日

源頼朝袖判《そではん》下文（「島津家文書《しまづけもんじょ》」）
惟宗《これむね》（島津）忠久《ただひさ》を伊勢国波出御厨《はぜのみくりや》の地頭に補任したもの。文治勅許以前から、地頭の任命が行われていたことがわかる。

る過程で占領・奪取した敵方の所領を、そのまま彼らの所領（地頭職《じとうしき》）として頼朝が追認していたことが指摘されている。すなわち、御家人たちは戦争で敵を倒せば、恩賞として彼らの所領を自分のものとすることが頼朝から認められていたのである。

武士たちは主人の命令だけで戦場に赴いたわけではない。そのことは、義仲追討・平家追討に際して、必ずしも東国武士たちが積極的ではなかったことからも明らかである。なんらかのメリットが求められたのであり、それが恩賞であった。恩賞とは一般的には主人や朝廷から「あたえられる」ものであるが、地頭職の場合は、右にみたように自分の働きしだいで、実力で獲得しうる余地が開かれていたのである。これが武士たちの戦闘意欲を掻き立てた。

文治勅許は、それまで東国における内乱のなかで頼朝と御家人とのあいだで行われていた、右のような恩賞としての地頭職の授受を、今後、より広い範囲で行いうることを認めた点に画期的な意義がある。

もちろん、すべてが地頭として認められていったわけではない。敵方平家の共犯者とみなされて、進駐してきた東国武士に所領を奪われた人間が、無実であると抗議した結果、東国武士に認められていた地頭が取り消された事例も知られている。また朝廷も文治勅許後も幕府と粘り強く交渉した結果、一一八六(文治二)年十月には、地頭の認可範囲を謀叛人《むほんにん》の所領のみとし、その権限もそれ以前に謀叛人が握っていたものを引き継ぐことが定められた。

以上によって確立した地頭制度は、御家人制に経済的裏付けをあたえるものであった。すなわち、御家人たちは、主君頼朝の命令に従って戦場で功績をあげることによって、地頭職という形で所領を獲得することを保障されたのである。これはそれ以前の主従関係にはみられない特徴であった。

義朝《よしとも》や平家に仕えることによって、武士たちが所領を手にすることはあった。しかし、それは義朝や平家によってあたえられたわけではなく、彼らのもつコネクションによって院や貴族の荘園の荘官《しょうかん》などに任命してもらう程度のことであった。あくまでも院や貴族の、義朝や平家に対する好意によるものにすぎなかった。義朝にいたっては、独自にその従者に分けあたえられるほど数多くの所領をもちあわせていたわけでもない。そうした意味でいえば、それまでの主従関係は多分に情誼的な意味合いが強い関係であったといえよう。

頼朝は、内乱という特殊な状況のなかで、東国武士たちとのあいだにより密接な、より求心力の高い主従関係を築き上げてきた。地頭制度は、さらにこれを経済的側面から補強する役割を果たしたのである。こうして形成された御家人制は、主従関係の歴史のうえでも大きな一段階を画するものであった。

奥州合戦

挙兵に失敗し、九州に逃れようと出帆した大物浜《だいもつのはま》(現、兵庫県尼崎市《あまがさきし》)で遭難した義経は、吉野《よしの》や奈良、京都周辺を転々としたあと、藤原秀衡《ふじわらのひでひら》を頼って一一八七(文治三)年の後半には奥州平泉《ひらいずみ》にはいっていた。翌年、その所在をつかんだ頼朝は、朝廷に働きかけて義経追討宣旨を奥州藤原氏に対してださせる。義経を迎えた秀衡はすでに一一八七年十月に死去しており、その跡を継いだ泰衡《やすひら》▲は当初こそ義経追討を拒んでいたが、度重なる朝廷の追討命令と頼朝の圧力には抗しきれず、八九(文治五)年閏四月に義経を襲撃し、その首を鎌倉に差しだした。泰衡はこれによって一連の義経問題に終止符を打ったつもりであった。朝廷もそのように考え、後白河院は義経討伐を慶賀するとともに、さらなる戦

▼**藤原泰衡**　一一五五(一一六五とも)〜八九年。奥州藤原氏第四代。源頼朝の圧力に屈し源義経を襲うが、幕府軍の攻撃を招き、逃走途中で郎従《ろうじゅう》に殺害される。

争を回避しようと、頼朝に武装解除を申し入れていた。

しかし、頼朝は奥州藤原氏攻撃を強行した。朝廷がなかなか追討宣旨をくださないことに対しては、「軍中将軍の令を聞き、天子《てんし》の詔《みことのり》を聞かず（戦場では将軍の命令を聞き、皇帝の命令は聞かなくてもよい）」とする中国の故事を引いてみずからを納得させ、さらに奥州藤原氏は源氏代々の家人《けにん》であること、鎌倉にはすでに多数の軍士が集結しており、彼らの滞留はかえって人びとの迷惑となることなどを理由に、出兵強行を合理化する。

いずれもまともな理由にはなりそうもない身勝手な理屈ではあるが、鎌倉に多数の御家人が参集していたことは事実である。この年の春以来、頼朝は大規模な動員令をかけており、その範囲は遠く薩摩《さつま》にもおよんでいた。今回の合戦では頼朝みずから大手軍《おおてぐん》を率いて出陣しており、その意気込みのほどが知られるが、それは奥州藤原氏打倒とともに、御家人たちの忠誠度をためすものでもあった。御家人たちは参陣しないわけにはいかなかったのである。

その一方で、御家人たちがこの合戦に進んで参加していった側面もみのがすことはできない。そもそも東国武士たちにとって奥州は無縁の地ではなかった。

すでに奥州への進出を果たしている武士団もあったし、奥州藤原氏をはじめとする奥州の武士たちともさまざまな関係が取り結ばれており、奥州の武士のなかには鎌倉側に与同する者もいた。なにより奥州の名馬や、奥州を経由してもたらされる鷲《わし》の羽や海豹《あざらし》の皮などさまざまな北方の産物は東国武士たちの垂涎《すいぜん》の的《まと》であった。平家追討のために西国への遠征を強いられたのとは、わけが違ったのである。

また、文治勅許の影響も考えられよう。すでに東国武士たちは、頼朝のもとで戦うことによって、地頭という形で所領を手に入れることを経験していた。それは、文治勅許によって東国以外の場でも認められることが保障されていた。こうした地頭や文治勅許によって裏打ちされた所領獲得要求が、東国武士たちを奥州合戦へと突き動かしていった可能性もおおいに考えられるのである。

七月十九日に鎌倉を出陣した頼朝軍は、二重の堀と土塁《どるい》で構築された最大の難関阿津賀志山《あつかしやま》の防塁(現、福島県国見町《くにみ》)を八月十日に突破すると、二十二日には平泉を占領する。九月四日には陣岡《じんがおか》(現、岩手県紫波町《しわ》)の蜂杜《はちもり》に布陣する頼朝のもとに殺害された泰衡の首が届けられたが、その後も北上を続け、十一

安倍館遺跡（盛岡市安倍館町） 厨川柵の疑定地。

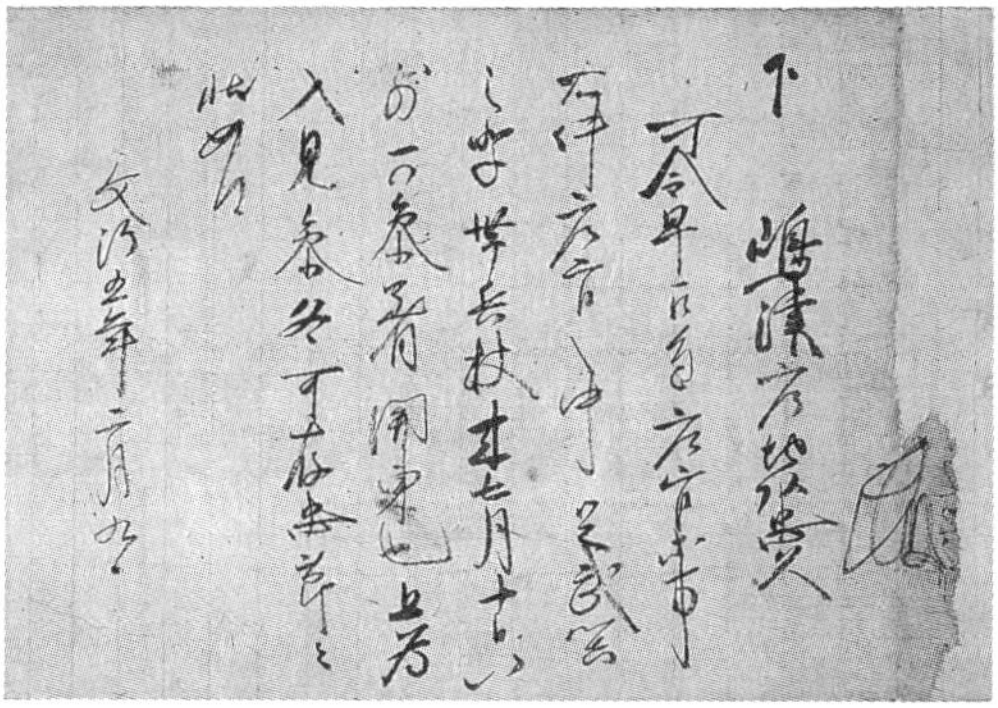

源頼朝袖判下文（「島津家文書」） 奥州合戦に際しては，薩摩国にまで「武器に足るの輩《ともがら》」に動員がかけられている。

奥州合戦の進路

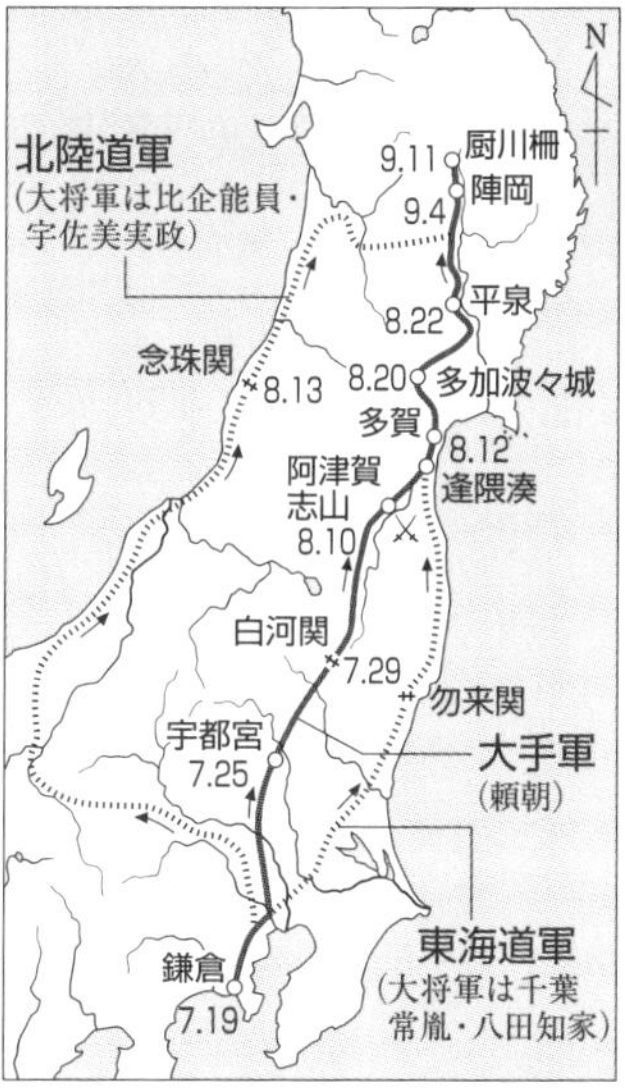

日に厨川柵《くりやがわのさく》(現、岩手県盛岡市《もりおか》)にいたっている。ここはかつて源頼義《よりよし》が安倍貞任《あべのさだとう》を攻めて前九年合戦《ぜんくねんかっせん》に勝利をおさめた、源氏にとって記念の地であった。

頼朝は十月二十四日に鎌倉に凱旋しているが、その途中の平泉で今回の合戦の勲功賞を行っている。この結果、広大な奥州の地の大半が東国武士たちに分けあたえられたのである。

このように奥州合戦は、頼朝の意思と東国武士たちの意欲の合作のもとに遂行された戦争であった。

上洛と征夷大将軍

奥州合戦の翌年、一一九〇(建久元)年十月、頼朝はついに上洛する。京都の人びとにとって、一一八三(寿永二)年以来待ち続けてきた頼朝上洛である。秋には全国的に洪水の被害がでたため、頼朝の上洛も懸念されたにもかかわらず、後白河院が強く上洛を催促したことからも、その期待のほどがうかがい知れよう。さらに朝廷では、現任の右大将《うだいしょう》を退けてまでして権大納言《ごんだいなごん》兼右大将のポストを用意し、上洛してきた頼朝にあたえている。

頼朝にとっても、伊豆《いず》に配流《はいる》されて以来三〇年ぶりの京都の地である。その感慨もいかばかりであったかと想像されるのであるが、実際に頼朝がとった態度は実に淡白なものであった。権大納言・右大将ともにあっさりと辞任してしまい、京都滞在一カ月半ほどで鎌倉に帰還してしまっている。

頼朝は一一九五(建久六)年にも上洛しており、そのときのことかもしれないが、鎌倉に帰還する際に天台座主《てんだいざす》慈円《じえん》▲と次のような和歌を交わしている。

あづまぢのかたに勿来《なこそ》の関《せき》の名は君を都《みやこ》にすめとなりけり　慈円
みやこには君にあふ坂ちかければ勿来の関は遠きとを知れ　頼朝
(『拾玉集《しゅうぎょくしゅう》』▲)

慈円は頼朝が京都に住むことこそが世の中のためになるのだとして、歌枕「勿来の関」▲にかけて、頼朝の帰還を引き止めようとする。慈円が時の摂政《せっしょう》九《く》条《じょう》兼実《かねざね》の弟であることを考えれば、これは当時の貴族社会の声を代弁するものでもあったのだろう。貴族たちは、これまでのように武家《ぶけ》が在京して朝廷のメンバーに連なる体制の復活を望んでいたのである。

しかし、頼朝は同じ「勿来の関」に事よせて、慈円の申し出をやんわりと断わ

▼**慈円**　一一五五〜一二二五年。九条兼実の弟で、早くから比叡山《ひえいざん》にはいり、天台座主を四度つとめる。史書『愚管抄』の著者であり、歌人としても有名。

▼**『拾玉集』**　慈円の私家集《しかしゅう》。約六〇〇〇首の歌をおさめる。

▼**勿来の関**　陸奥《むつ》国と常陸《ひたち》国のあいだに設けられた古代の関所《せきしょ》。平安時代以降、歌枕として用いられ、「なこそ」に「来るな」という意味がかけられる。

っているのである。断わり方こそ穏当ではあるものの、そこには頼朝の明確な意思が込められていると考えたい。頼朝は、在京して朝廷の一員となることをはっきり拒否したのである。

もちろん、朝廷やその政治に、頼朝が関心をいだいていなかったわけではない。二度目に上洛した際、頼朝は後宮《こうきゅう》の実力者高階栄子《たかしなのえいし》▲としばしば会談しているが、これは長女大姫を後鳥羽《ごとば》天皇に入内《じゅだい》させるための交渉であったと指摘されている。結局、大姫入内は実現しなかったが、頼朝がなんらかの形で天皇家や朝廷と関係を取り結んでおきたいと考えていたことは明らかである。また、朝廷の政治のあり方にもしばしば口を挟んでいる。文治勅許に際しては、「天下草創」を呼号して、頼朝追討宣旨発給に携わった公卿《くぎょう》以下の処分と親頼朝派とみなされていた九条兼実の内覧《ないらん》▲就任を要請するなど、廟堂《びょうどう》改革に積極的な姿勢をみせており、その後も折にふれて政治的発言を繰り返している。

ただし、注意しなくてはならないのは、そうした発言は鎌倉から、「ながく遠国《おんごく》(鎌倉)に住んでいる身であり、政治のことはよくわかりませんが……」という形で発信されていることである。すなわち、東国に拠点をおき、空間的に

▼**高階栄子**　?〜一二一六年。丹後局《たんごのつぼね》とも呼ばれる。後白河院の女房で、晩年の院の寵愛を受け、しばしば政治にも容喙《ようかい》した。

▼**内覧**　天皇に奏上《そうじょう》する文書や天皇が裁可した文書をあらかじめみること。摂政・関白《かんぱく》のほか、内覧の宣旨をくだされた大臣に認められた権限。

もまた政治的にも京都とは距離を保ち続けるというのが頼朝のスタンスであった。頼朝は、都ではなく、東国に生きることを選択したのである。

その一方で、「東国に生きること」は、頼朝が東国武士と一体化することを意味したわけではなかった。一回目の上洛から鎌倉に帰還したあと、頼朝は、それまでみずから花押《かおう》をすえた御判《ごはんの》下文《くだしぶみ》を御家人たちにあたえていたものを、前《さきの》右大将家《うだいしょうけ》政所《まんどころ》下文に切りかえている。頼朝挙兵以来の功臣千葉常胤《ちばつねたね》がこれに猛反対していることから、この措置が東国武士たちにとってけっして歓迎すべきものでなかったことは明らかである(結局、常胤は御判下文とともに政所下文をあたえられている)。彼らはそこに、自分たちと頼朝との距離が広がることを敏感に感じとっていたのであろう。上総広常を粛清した一一八三(寿永二)年以来、頼朝と東国武士たちとの関係が微妙に変化していたことをさきに指摘しておいたが、「前右大将家」の名のもとに断行された下文の更改は、こうした変化を決定づけようとするものであった。

なお、頼朝は一一九二(建久三)年七月に征夷大将軍《せいいたいしょうぐん》▲に任じられている。それは頼朝の宿願であり、なぜ頼朝は征夷大将軍を望んだかが、これまで議論さ

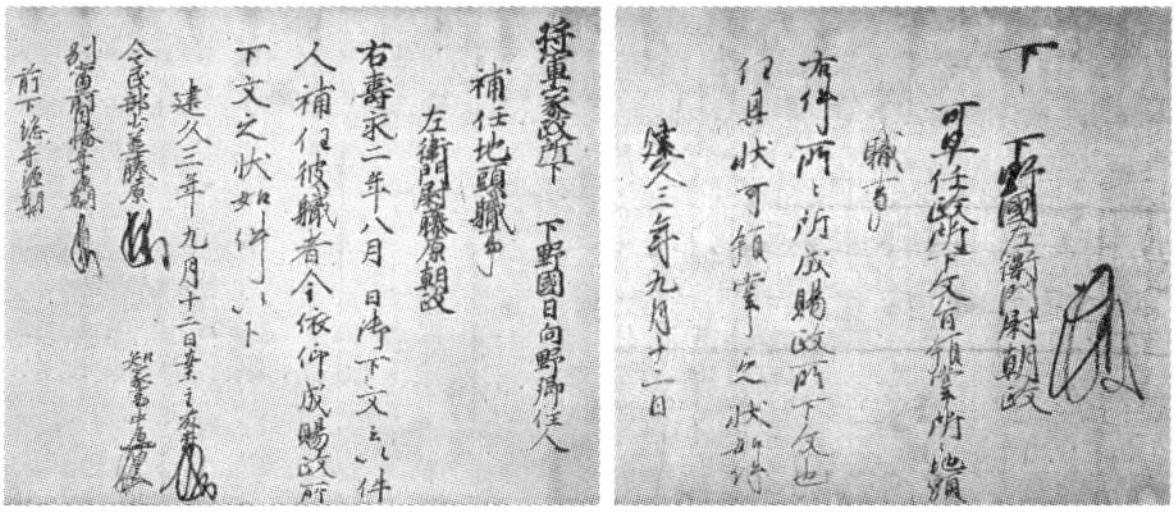
下　下野國左衛門尉朝政
可早任政所下文旨領掌所〻地頭職事
右件所〻所成賜政所下文也
仍具状可領掌之状如件
建久三年九月十二日

将軍家政所下　下野國日向野郷住人
補任地頭職事
左衛門尉藤原朝政
右寿永二年八月　日御下文云件
人補任彼職者今依仰成賜政所
下文之状如件以下
建久三年九月十二日案主藤井
令民部少丞藤原　知家事中原
別当前因幡守中原朝臣
前下総守源朝臣

同日付の御判下文(右)**と将軍家政所下文**(左)　小山朝政も，千葉常胤と同じく，同時に二つの下文をあたえられている。

▼**征夷大将軍**　平安時代、蝦夷《えぞ》征討に派遣された司令官が任じられた職。源頼朝が征夷大将軍に任じられて以降は、武家政権(幕府)の首長《しゅちょう》が任じられた。

▼**鎮守府将軍**　陸奥におかれた軍政機関鎮守府の長官。藤原秀郷《ひでさと》や平貞盛《さだもり》など、家祖の多くが鎮守府将軍に任じられていたことから、中世の武家社会では、その権威が尊重された。

れてきた。ところが、最近『山槐記《さんかいき》』の逸文が発見されたことにより、頼朝が望んだのは大将軍であり、それを受けて朝廷の側で消去法的に選びだされたのが征夷大将軍であったことが判明した。そのため「なぜ頼朝は征夷大将軍を望んだか」を議論する意味は失われてしまったが、頼朝が「大将軍」を望んだことはやはり事実であり、「前大将（前右大将）」という称号にかえての申請であったことも踏まえて、改めてその意味が問われねばならない。

ここでは、これも東国武士を念頭にしての申請であったと考えておきたい。中央の官制を連想させる「大将」号よりも、「大将軍」号のほうが東国武士たちに受け入れられやすかったのではないだろうか。すでに東国武士社会では、鎮守《ちんじゅ》府《ふ》将軍▲に由来する「将軍」号が権威として通用していたことが指摘されている。そうした「将軍」号とも親和性があり、かつそれを上回る権威であることが「大将軍」号によって示されようとしたと考えられるのである。

頼朝と東国

挙兵当初を除いて、ほとんど鎌倉を動かなかった頼朝であるが、奥州合戦を境に、多数の御家人たちを率いて各地を訪れている。一一九〇(建久元)年と九五(同六)年の二度の上洛も、そうした諸国歴訪の一環とみることができる。

　そもそも東国の大軍勢を率いて頼朝が上洛してくること自体、京都の人びとにとっては衝撃的なことであった。二度目の上洛の際、頼朝は再建なった東大《とうだい》寺《じ》大仏殿落慶供養《だいぶつでんらっけいくよう》に臨んでいるが(扉写真参照)、大雨のなか、数多くの御家人たちが頼朝を取り巻いて身じろぎもせず一団となっているようすを、慈円は驚異の目をもって、その著『愚管抄《ぐかんしょう》』▲に記している。それは京都の人びとに、自分たちとは異質な権力が頼朝を中心に築かれたことを印象づけたことであろう。

　そして京都からの帰途、頼朝は遠江橋本《とおとうみはしもと》(現、静岡県湖西《こさい》市)、そして駿河《するが》黄瀬河に守護や在庁官人たちを集めて、遠江や駿河・伊豆の国政をみずから聴断《ちょうだん》している。自分がこれらの地域の支配者であることを、これらの地域の人びとに身をもって示したのである。

　さらに、一一九三(建久四)年には、これまた数多くの御家人を率いて、信濃《しなの》三原《みはら》・下野那須野《しもつけなすの》、そして駿河富士野《ふじの》と歴訪して、大規模な巻狩《まきがり》を挙行してまわっているのである。狩猟はその地域の支配権を主張する示威行為であったか

▼**『愚管抄』**　慈円の著わした史書。歴史の流れを道理の展開として説明しようとし、公家《くげ》の立場から鎌倉幕府の成立を理論化している。

御家人を引き連れての駿河富士野の巻狩(『曽我《そが》物語《ものがたり》図《ず》屛風《びょうぶ》』)

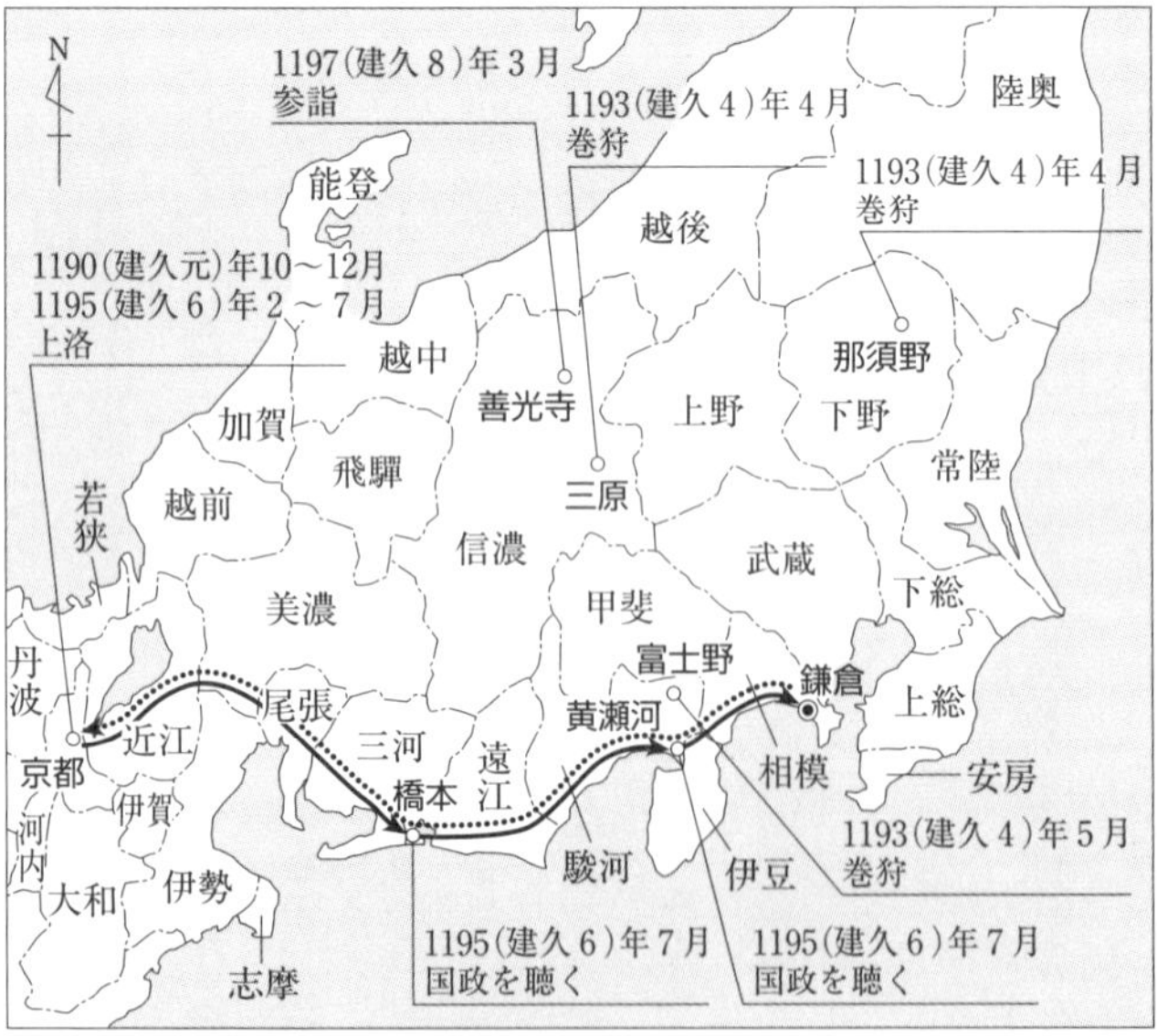

建久年間(1190 ～ 98)の頼朝の足跡

ら、これも頼朝がこれらの国々を支配下におさえたことを現地の人びとにみせつける意図をもった、政治的デモンストレーションであった。さきの国政聴断もあわせれば、そのおよぶところはまさに東国全域におよんでいる。

こうしたデモンストレーションは、京都や東国などいく先々の人びとに対してばかりでなく、それに動員された御家人たちの意識にも影響をあたえたと考えられる。すなわち、彼らは、自分たちが頼朝を中心に京都の朝廷とは異なる権力を構成していること、それは東国を基盤とする権力であることを自覚することになったであろう。

本書では東国との関係を考えながら、頼朝の生涯を追いかけてきた。もちろん頼朝が生み出したのは鎌倉幕府であるが、東国や東国武士に即していえば、東国独自の権力とそれへの意識・自覚をもたらしたといえよう。

そこに頼朝自身がどの程度の達成感をえていたかはわからない。三度目の上洛を考えていたようなので、むしろ頼朝としてはまだまだやるべきことがあったのかもしれない。ただ、一一九九(正治《しょうじ》元)年正月十三日を一期として、頼朝は五三年におよぶ生涯を閉じている。終焉の地は鎌倉であった。

写真所蔵・提供者一覧(敬称略, 五十音順)

伊豆の国市教育委員会　p. 28
MOA美術館　p. 29
神奈川県立歴史博物館　p. 83右
鎌倉市教育委員会　p. 47右
義仲寺　p. 54右
宮内庁三の丸尚蔵館　p. 55
国立歴史民俗博物館　p. 18
城願寺　p. 32
神護寺・京都国立博物館　p. 3上
善光寺(山梨県)　p. 3下
中尊寺　p. 71
鶴岡八幡宮　p. 47左
東京国立博物館・Image：TMN Image Archives　p. 15
東京大学史料編纂所　カバー裏, p. 74, 79下
東大寺・奈良国立博物館　扉
長島照子(著作権者)・大倉集古館(所蔵)　カバー表
放光寺　p. 26
法金剛院　p. 8
満昌寺・横須賀市教育委員会　p. 6
三嶋大社　p. 51
盛岡市教育委員会　p. 79上
山川誠人・栃木県立博物館　p. 83左
大和文華館　p. 13, 86
来福寺(非公開)・三浦市教育委員会　p. 48

参考文献

石井進『石井進著作集第二巻　鎌倉幕府論』岩波書店, 2004年
石井進『石井進の世界１　鎌倉幕府』山川出版社, 2005年
入間田宣夫『平泉藤原氏と南奥武士団の成立』歴史春秋出版, 2007年
上杉和彦『源頼朝と鎌倉幕府』新日本出版社, 2003年
上杉和彦『源平の争乱』吉川弘文館, 2007年
上横手雅敬『源平の盛衰』講談社, 1969年
上横手雅敬「院政期の源氏」御家人制研究会編『御家人制の研究』吉川弘文館, 1981年
大石直正『奥州藤原氏の時代』吉川弘文館, 2001年
川合康『源平合戦の虚像を剝ぐ』講談社, 1996年
川合康『鎌倉幕府成立史の研究』校倉書房, 2004年
川合康「中世武士の移動の諸相」メトロポリタン史学会編『歴史のなかの移動とネットワーク』桜井書店, 2007年
川尻秋生『平将門の乱』吉川弘文館, 2007年
黒川高明『源頼朝文書の研究　史料編』吉川弘文館, 1988年
河内祥輔『頼朝の時代』平凡社, 1990年
河内祥輔『日本中世の朝廷・幕府体制』吉川弘文館, 2007年
五味文彦「平氏軍制の諸段階」『史学雑誌』88編８号, 1979年
五味文彦『院政期社会の研究』山川出版社, 1984年
五味文彦『武士と文士の中世史』東京大学出版会, 1992年
櫻井陽子「頼朝の征夷大将軍任官をめぐって」『明月記研究』９, 2004年
佐藤進一『日本の中世国家』岩波書店, 1983年
杉橋隆夫「牧の方の出身と政治的位置」上横手雅敬監修, 井上満郎・杉橋隆夫編『古代・中世の政治と文化』思文閣出版, 1994年
関幸彦『源頼朝』PHP研究所, 2001年
多賀宗隼『校本 拾玉集』吉川弘文館, 1971年
角田文衛『王朝の明暗』東京堂出版, 1977年
永原慶二『源頼朝』岩波書店, 1958年
貫達人『畠山重忠』吉川弘文館, 1962年
野口実『源氏と坂東武士』吉川弘文館, 2007年
福田豊彦『千葉常胤』吉川弘文館, 1973年
保立道久『義経の登場』日本放送出版協会, 2004年
本郷和人『新・中世王権論』新人物往来社, 2004年
目崎徳衛『貴族社会と古典文化』吉川弘文館, 1995年
元木泰雄『保元・平治の乱を読みなおす』日本放送出版協会, 2004年
元木泰雄『源義経』吉川弘文館, 2007年
安田元久『源頼朝　新訂版』吉川弘文館, 1986年
山路愛山『源頼朝』(東洋文庫), 平凡社, 1987年
山本幸司『頼朝の精神史』講談社, 1998年
山本隆志「頼朝権力の遺産」西垣晴次先生退官記念宗教史・地方史論纂編集委員会編『西垣晴次先生退官記念　宗教史・地方史論纂』刀水書房, 1994年
義江彰夫『鎌倉幕府地頭職成立史の研究』東京大学出版会, 1978年
米倉迪夫『源頼朝像』平凡社, 1995年

源頼朝とその時代

西暦	年号	齢	おもな事項
1147	久安3	1	頼朝誕生。父は源義朝，母は熱田大宮司季範の娘
1156	保元元	10	*7-* 保元の乱
1158	3	12	*2-3* 皇后宮権少進に任じられる
1159	平治元	13	*12-* 平治の乱。*12-14* 叙爵，右兵衛権佐に任じられる。*12-28* 解官される
1160	永暦元	14	*3-11* 伊豆に流される
1177	治承元	31	このころ，北条政子と結婚するか
1179	3	33	*11-* 平清盛による政変。後白河院を鳥羽殿に幽閉
1180	4	34	*5-* 以仁王の乱。*6-* 福原遷都。*8-17* 頼朝挙兵。*9-* 木曽義仲挙兵。*10-6* 頼朝，鎌倉にはいる。富士川の合戦。*11-* 佐竹攻め。侍所別当に和田義盛を任じる
1181	養和元	35	閏*2-4* 平清盛死す。*8-* これ以前，後白河院に密奏
1182	寿永元	36	*2-8* 伊勢神宮に願文をおさめる。*8-12* 頼家誕生
1183	2	37	*2-* 志田義広の乱。*7-25* 平家都落ち。*7-28* 義仲，入京。*8-20* 後鳥羽天皇践祚。*10-9* 本位に復す。*10-14* 寿永二年十月宣旨下る。冬，上総広常を殺害
1184	元暦元	38	*1-20* 木曽義仲を攻め滅ぼす。*1-26* 平家追討宣旨くだる。*2-7* 一の谷の合戦。*4-* 木曽義高を殺害。*6-16* 一条忠頼を殺害。*10-6* 公文所始，別当に大江広元を任じる。問注所執事に三善康信を任じる
1185	文治元	39	*2-19* 屋島の合戦。*3-24* 壇ノ浦の合戦，平家滅亡。*4-27* 平家追討の賞により従二位に叙される。自由任官御家人の東国下向を禁じる。*5-* 義経の鎌倉入りを禁じる。*10-* 義経，頼朝に叛く。*10-24* 勝長寿院供養。後白河院問責のため，北条時政らを上洛させる。*11-29* 文治勅許
1187	3	41	このころ，義経，奥州に逃れる。*10-29* 藤原秀衡死す
1189	5	43	閏*4-30* 藤原泰衡，義経を攻め滅ぼす。*7～* 奥州合戦
1190	建久元	44	*10-* 上洛。*11-9* 権大納言・右大将に任じられる
1191	2	45	*1-15* 政所吉書始。御判下文を政所下文に切りかえる
1192	3	46	*3-13* 後白河院死す。*7-12* 征夷大将軍に任じられる。*8-9* 実朝誕生。*11-25* 永福寺供養
1193	4	47	*4-* 下野那須野・信濃三原にて巻狩。*5-* 駿河富士野にて巻狩，曽我兄弟の敵討ち。*8-17* 源範頼を配流
1194	5	48	*8-19* 安田義定を殺害
1195	6	49	*2-* 上洛。*3-12* 東大寺大仏殿落慶供養に参列
1196	7	50	*11-* 源通親による政変
1197	8	51	*3-* 信濃善光寺参詣。*7-14* 大姫死す
1198	9	52	*1-11* 土御門天皇践祚。後鳥羽院政始まる
1199	正治元	53	*1-13* 頼朝死す

高橋典幸(たかはし のりゆき)
1970年生まれ
東京大学大学院人文社会系研究科博士課程中途退学
博士(文学)
専攻，日本中世史
現在，東京大学大学院人文社会系研究科教授
主要著書
『日本軍事史』(共著，吉川弘文館2006)
『鎌倉幕府軍制と御家人制』(吉川弘文館2008)
『Jr.日本の歴史３　武士の世の幕あけ』(共著，小学館2010)
『戦争と平和』(編著，竹林舎2014)
『皇位継承』(共著，山川出版社2019)

日本史リブレット人 026
源　頼朝《みなもとのよりとも》
東国を選んだ武家の貴公子
2010年５月20日　１版１刷　発行
2022年４月30日　１版４刷　発行
著者：高橋典幸《たかはしのりゆき》
発行者：野澤武史
発行所：株式会社 山川出版社
〒101－0047　東京都千代田区内神田１－13－13
電話 03(3293)8131(営業)
03(3293)8135(編集)
https://www.yamakawa.co.jp/
振替 00120-9-43993
印刷所：明和印刷株式会社
製本所：株式会社 ブロケード
装幀：菊地信義

Printed in Japan ISBN 978-4-634-54826-8

日本史リブレット 人

1 卑弥呼と台与 —— 仁藤敦史
2 倭の五王 —— 森 公章
3 蘇我大臣家 —— 佐藤長門
4 聖徳太子 —— 大平 聡
5 天智天皇 —— 須原祥二
6 天武天皇と持統天皇 —— 義江明子
7 聖武天皇 —— 寺崎保広
8 行基 —— 鈴木景二
9 藤原不比等 —— 坂上康俊
10 大伴家持 —— 鐘江宏之
11 桓武天皇 —— 西本昌弘
12 空海 —— 曾根正人
13 円仁と円珍 —— 平野卓治
14 菅原道真 —— 大隅清陽
15 藤原良房 —— 今 正秀
16 宇多天皇と醍醐天皇 —— 川尻秋生
17 平将門と藤原純友 —— 下向井龍彦
18 源信と空也 —— 新川登亀男
19 藤原道長 —— 大津 透
20 清少納言と紫式部 —— 丸山裕美子
21 後三条天皇 —— 美川 圭
22 源義家 —— 野口 実
23 奥州藤原三代 —— 斉藤利男
24 後白河上皇 —— 遠藤基郎
25 平清盛 —— 上杉和彦
26 源頼朝 —— 高橋典幸
27 重源と栄西 —— 久野修義
28 法然 —— 平 雅行
29 北条時政と北条政子 —— 関 幸彦
30 藤原定家 —— 五味文彦
31 後鳥羽上皇 —— 杉橋隆夫
32 北条泰時 —— 三田武繁
33 日蓮と一遍 —— 佐々木馨
34 北条時宗と安達泰盛 —— 福島金治
35 北条高時と金沢貞顕 —— 永井 晋
36 足利尊氏と足利直義 —— 山家浩樹
37 後醍醐天皇 —— 本郷和人
38 北畠親房と今川了俊 —— 近藤成一
39 足利義満 —— 伊藤喜良
40 足利義政と日野富子 —— 田端泰子
41 蓮如 —— 神田千里
42 北条早雲 —— 池上裕子
43 武田信玄と毛利元就 —— 鴨川達夫
44 フランシスコ＝ザビエル —— 浅見雅一
45 織田信長 —— 藤田達生
46 徳川家康 —— 藤井譲治
47 後水尾院と東福門院 —— 山口和夫
48 徳川光圀 —— 鈴木暎一
49 徳川綱吉 —— 福田千鶴
50 渋川春海 —— 林 淳
51 徳川吉宗 —— 大石 学
52 田沼意次 —— 深谷克己
53 遠山景元 —— 藤田 覚
54 酒井抱一 —— 玉蟲敏子
55 葛飾北斎 —— 大久保純一
56 塙保己一 —— 高埜利彦
57 伊能忠敬 —— 星埜由尚
58 近藤重蔵と近藤富蔵 —— 谷本晃久
59 二宮尊徳 —— 舟橋明宏
60 平田篤胤と佐藤信淵 —— 小野 将
61 大原幽学と飯岡助五郎 —— 高橋 敏
62 ケンペルとシーボルト —— 松井洋子
63 小林一茶 —— 青木美智男
64 鶴屋南北 —— 諏訪春雄
65 中山みき —— 小澤 浩
66 勝小吉と勝海舟 —— 大口勇次郎
67 坂本龍馬 —— 井上 勲
68 土方歳三と榎本武揚 —— 宮地正人
69 徳川慶喜 —— 松尾正人
70 木戸孝允 —— 一坂太郎
71 西郷隆盛 —— 德永和喜
72 大久保利通 —— 佐々木克
73 明治天皇と昭憲皇太后 —— 佐々木隆
74 岩倉具視 —— 坂本一登
75 後藤象二郎 —— 村瀬信一
76 福澤諭吉と大隈重信 —— 池田勇太
77 伊藤博文と山県有朋 —— 西川 誠
78 井上馨 —— 神山恒雄
79 河野広中と田中正造 —— 田崎公司
80 尚泰 —— 川畑 恵
81 森有礼と内村鑑三 —— 狐塚裕子
82 重野安繹と久米邦武 —— 松沢裕作
83 徳富蘇峰 —— 中野目徹
84 岡倉天心と大川周明 —— 塩出浩之
85 渋沢栄一 —— 井上 潤
86 三野村利左衛門と益田孝 —— 森田貴子
87 ボワソナード —— 池田眞朗
88 島地黙雷 —— 山口輝臣
89 児玉源太郎 —— 大澤博明
90 西園寺公望 —— 永井 和
91 桂太郎と森鷗外 —— 荒木康彦
92 高峰譲吉と豊田佐吉 —— 鈴木 淳
93 平塚らいてう —— 差波亜紀子
94 原敬 —— 季武嘉也
95 美濃部達吉と吉野作造 —— 古川江里子
96 斎藤実 —— 小林和幸
97 田中義一 —— 加藤陽子
98 松岡洋右 —— 田浦雅徳
99 溥儀 —— 塚瀬 進
100 東条英機 —— 古川隆久

〈白ヌキ数字は既刊〉